Inhalt

Zu diesem Heft

Liebe Leserinnen und Leser,

„Vom Geist bewegt – zu verwandelnder Nachfolge berufen"! Unter diesem Motto fand im März 2018 die Weltmissionskonferenz in Arusha (Tansania) statt. Solche Weltmissionskonferenzen gelten als wichtige Ereignisse im Leben der weltweiten Ökumene. Da es eine eigene Dokumentation aller Beiträge dieser Konferenz geben wird, finden Sie in diesem Heft Hintergründe, Berichte und Deutungsangebote zur Konferenz.

Lediglich eine kleine Auswahl von originären Dokumenten ist hier mit aufgenommen: Zum einen die „Botschaft" der Weltmissionskonferenz: der „Aufruf von Arusha zur Nachfolge". Zum Zweiten eine bewegende und aufrüttelnde Meditation von Bischof *Brian Farrell,* Sekretär des Päpstlichen Rates zur Förderung der Einheit der Christen. Und schließlich: die Bibelarbeit der jungen afro-amerikanischen Theologin *Jennifer Leath.* Von den täglichen Bibelarbeiten war diese wohl die mutigste. Erinnern, Zurückkehren, Berichten – das sind die Schritte, die sie die Frauen im Lukasevangelium gehen sieht, nachdem sie das leere Grab vorfanden. Diese Schritte verortet sie in ihrer eigenen Situation als schwarze Frau im Nordamerika dieser Tage und lädt uns ein, diese – in der Nachfolge – mit zu vollziehen. Dabei nutzt sie theologische Einsichten der Womanistischen Theologie, die in der Ökumene noch zu wenig rezipiert wird.

Es sollte eine „afrikanische Konferenz" werden: die Gastfreundschaft der tansanischen Kirchen, die reiche Spiritualität afrikanischer Christ*innen, die – im wahrsten Sinne des Wortes – bewegende Musik sowie der wunderbare Abend mit dem „Vater" afrikanischer Theologie, John Mbiti, und der „Mutter" feministischer Theologie aus afrikanischer Perspektive, Mercy Amba Oduyoye, beginnen sich bereits jetzt tief ins ökumenische Gedächtnis einzuschreiben. Es fehlten aber die neuen, kreativen Stimmen einer jüngeren Generation afrikanischer Theolog*innen. Daher haben wir hier einige Beiträge versammelt, gleichsam als Ergänzung zur ökumenischen Diskussion über die „verwandelnde Nachfolge"als Dimension der Mission.

Eingeleitet werden diese Überlegungen von Professorin *Claudia Jahnel*, die aus der Sicht einer Teilnehmenden an der Weltmissionskonferenz nach alternativen Epistemologien fragt. Können Einsichten aus dem postkolonialen Diskurs aus den oft zu simplen Dichotomien ökumenischer Erklärungen herausführen? – In den Kontextualisierungen von drei Vertretern einer jüngeren Generation afrikanischer Theologen wird deutlich, in welche Komplexitäten das führt und wie diese – in ihren Deutungsversuchen – zu neuen theologischen Einsichten gelangen:

Dr. Lesmore Gibson Ezekiel leistet unter schwierigsten Umständen Friedensarbeit im Norden Nigerais, wo die extremistische Gruppe der Boko Haram Muslime und Christen gleichermaßen tötet. Welche Bedeutung hat die ökumenische Vorstellung vom „Gerechten Frieden" in einem Kontext, in dem „Politik religiös und Religion politisch" geworden ist?

Pastor *Senzo Ndlovu* reflektiert seine eigene Kindheit in einem Township in Südafrika und fragt nach einer neuen Interpretation der Eucharistie, in der die Körper schwarzer Frauen einen Platz am „Tisch des Herrn" finden könnten. Im Gegensatz dazu wuchs der Doktorand Helgard Pretorius, zur gleichen Zeit in einer weißen Familie Südafrikas auf. Er sucht die Wundmale Christi in seiner post-Apartheid Gesellschaft zu identifizieren. – Hier decken afrikanische Theologen den wahren Preis der Nachfolge Christi auf. Der afro-amerikanische Theologe *Willie James Jennings* fordert hierzu passend gleich eine ganze Reihe von Neukonzeptionen in der Theologie. Einblick in seine Perspektive und Methode bietet der revolutionäre Beitrag zur Schöpfungstheologie.

Warum fehlten solche Ansätze in Arusha weitestgehend? Ist die Ökumene zu harmonie-verliebt geworden? Müssen wir neu lernen, in einen konstruktiven Streit „um die Sache" zu treten, um uns gegenseitig auch zur Rechenschaft zu ziehen? – Wir haben zwei jüngere Teilnehmer*innen (*Anna-Katharina Diehl* und *Onno Hofmann*) gebeten, von ihren Erfahrungen in Arusha zu berichten. *Michael Biehl* leistet die wichtige Aufgabe, die Beziehung zwischen dieser Weltmissionskonferenz und der ökumenischen Missionserklärung, die während der ÖRK-Vollversammlung 2013 (Busan) angenommen wurde, herzustellen.

So lässt sich eine erste Einordnung von „Arusha 2018" erzielen, die m. E. die wichtige Dimension der Nachfolge Christi hinsichtlich der Mission zumindest eröffnet hat.

Im Namen des Redaktionsteams, Ihr Fernando Enns

„Dem Empire den Sauerstoff entziehen"?

Postkoloniale Erwägungen zur Weltmissionskonferenz 2018 in Arusha (Tansania)

Claudia Jahnel[1]

> *"Our strategy should be not only to confront the empire, but to lay siege to it. To deprive it of oxygen. To shame it. To mock it ... The corporate revolution will collapse if we refuse to buy what they are selling; their versions of history, their wars, their weapons, their versions of inevitability."*[2]

1. Die anhaltende Macht des Empires und die Gegenmacht alternativer Geschichten

Mission heißt, die Welt auf den Kopf zu stellen und Widerstand zu leisten gegen die herrschenden Mächte, die Ungerechtigkeit fördern und Tod statt Leben bringen. Mit diesen Worten eröffnete der Vorsitzende der Kommission für Weltmission und Ökumene im Ökumenischen Rat der Kirchen (ÖRK), Metropolit Mor Geevarghese Coorilos, am 10. März 2018 die 13. Weltmissionskonferenz in Arusha/Tansania. Seine deutliche politische Positionierung unterstrich der Theologe der Syrisch-Orthodoxen Kirche Indiens mit dem oben abgedruckten Ausschnitt aus der Rede seiner Landsfrau, der berühmten postkolonialen Schriftstellerin und Aktivistin Arundhati Roy, vor dem Weltsozialforum 2003. Es gelte, dem Empire den Sauerstoff zu entziehen und – so heißt es in der ausführlicheren Version der Rede von Roy – „unsere Kunst, unsere Musik, unsere Literatur, unsere Sturheit, unsere Freude, unsere Brillanz, unsere schiere Ausdauer und un-

---

[1] Claudia Jahnel ist Professorin für Interkulturelle Theologie und Körperlichkeit an der Evangelisch-Theologischen Fakultät der Ruhr-Universität in Bochum.

[2] *Arundhati Roy:* Rede vor dem Welt-Sozialforum (21. Januar 2003), siehe: www.workers liberty.org/story/2017-07-26/world-social-forum-arundhati-roy (aufgerufen am 30.04.2018).

sere Fähigkeit, unsere eigenen Geschichten zu erzählen, jenen Geschichten entgegenzustellen, denen zu glauben wir einer Gehirnwäsche unterzogen wurden".

So wie Coorilos thematisieren viele andere Sprecherinnen und Sprecher auf der Weltmissionskonferenz den postkolonialen Widerstand gegen das Empire, wobei nicht immer ganz eindeutig ist, was „das Empire" genau bezeichnet. Mal steht die Rede vom Empire für die neo-koloniale Ideologie des Marktes. Sie bringt viele Menschen an die Ränder der Überlebensfähigkeit – an die "margins". Neben wirtschaftlicher Ausbeutung werden zahlreiche weitere Formen der Unterdrückung und Ausgrenzung genannt. Mal und vor allem in nordamerikanischen, einschließlich afroamerikanischen Beiträgen wird das Empire sehr konkret mit dem gegenwärtigen Präsidenten der USA, Donald Trump, seiner Außenpolitik und seiner rassistischen Innenpolitik in Verbindung gebracht. Durchgängig spielt jedoch das von Arundhati Roy angesprochene Erzählen von Geschichten als Gegengeschichten eine zentrale Rolle in Arusha wie auch schon auf der 12. Weltmissionskonferenz 2005 in Athen und an vielen anderen Stellen der Weltökumene. "Stories are data with soul", so konstatiert die südafrikanische Theologin Mutale Mulenga-Kaunda in dem Vortrag "Transforming Disciples, Transforming the Future: Young African Women and the Search for a Liberated Future".[3] Auch sie misst also wie Roy Geschichten und dem Geschichtenerzählen eine machtvolle Bedeutung bei.

2. Eine Anti-Empire-Missionstheologie: Dringend notwendige Kritik oder Triumphalismus?

"Moving in the Spirit: Called to Transforming Discipleship", so lautete das Motto der Weltmissionskonferenz. Der Heilige Geist spielt seit einigen Jahrzehnten eine wichtige Rolle im Verständnis von Mission und hat die Begründung von Mission in Jesus Christus zwar nicht abgelöst, aber doch ergänzt. Aus verschiedenen Gründen: Einer ist, dass das Geist-Paradigma die gegenwärtige Vielfalt der Weltchristenheit besser verstehen und leben lässt. Ein anderer Aspekt wird seit der neuesten Missionserklärung „Gemeinsam für das Leben. Mission und Evangelisation in sich wandelnden Kontexten", die der ÖRK auf seiner Vollversammlung in Busan im Jahr 2013 verabschiedet hat, deutlich akzentuiert: die Gegenüberstellung „Geist des Lebens" und Ungeist der Welt.

---

[3] Siehe: www.oikoumene.org/en/resources/documents/commissions/mission-and-evangelism/keynote-speech-by-mutale-mulenga-kaunda (aufgerufen am 30.04.2018).

In der Linie dieser Frontstellung wird nun in Arusha Mission des Geistes und transformierende Nachfolge in ein enges Verhältnis gesetzt zum Widerstand gegen das Empire. Das ist ein ambivalentes bis kritisches Unterfangen. Denn mit der Empire-Terminologie geht grundsätzlich ein dichotomisches Denkmuster, ein Schwarz-Weiß-Denken, einher. Dieses schlägt sich bspw. nieder in dem Beitrag des koreastämmigen Nordamerikaners Jim S. Kim von „imperialen Dämonen" und einer „kranken Gesellschaft", die auf den „Übeln des Rassismus, Sexismus, Militarismus, der Ausbeutung, der Naturzerstörung und destruktivem Wettkampf" aufbaut,[4] oder in der Kritik des aus Jamaika stammenden Kanadiers Michael Blair, der das Empire mit dem „Biest" verbindet, das seit Sklavenhandel und anhaltendem Rassismus den Mensch zur Ware gemacht und entmenschlicht hat.[5]

Noch medienwirksamer platziert ist diese dichotome Logik in der Abschlusserklärung der Weltmissionskonferenz, "The Arusha Call to Discipleship", in der es unter anderem heißt:

> „Wir sind aufgerufen, in einer Zeit, in der viele dem falschen Gott des Marktsystems huldigen, den dreieinigen Gott, den Gott der Gerechtigkeit, der Liebe und der Gnade anzubeten [...] Wir sind aufgerufen, in einer Welt, die auf Marginalisierung und Ausgrenzung aufbaut, als Jüngerinnen und Jünger in einer gerechten und integrativen Gemeinschaft, in unserem Streben nach Einheit und auf unserer ökumenischen Reise zusammenzuhalten."

Die genannten Beispiele bringen notwendige prophetische Kritik zum Ausdruck. Sie repräsentieren aber auch eine Logik, die die Welt in Gut und Böse einteilt, verbunden mit einem eminent appellativen Charakter und moralischen Anspruch. Die Weltchristenheit wird aufgerufen, sich auf der Seite des Geistes Gottes und nicht auf der des Geistes der Welt zu verorten und in dieser Verortung gelebte Nachfolge zu praktizieren.

Theodor Ahrens hatte diese Logik schon im Blick auf die neue Weltmissionserklärung als „grobes soteriologisches Kontrastschema" bezeichnet:

> „Einerseits die gute Welt der Unterzeichnenden hier – dynamisch, gerecht, vielfältig und selbstverständlich transformativ (11); andererseits dort die individualisierte,

---

4   *Jim S. Kim:* A New Reformation: Evangelism as Life Together. Moving in the Spirit: Called to Transforming Discipleship, unveröffentlichtes Manuskript der Rede, gehalten auf der Weltmissionskonferenz in Arusha am 9. März 2018.

5   *Michael Blair:* Holy Disruption and Transformative Discipleship. Beitrag auf dem Workshop "Navigating Uprootedness and Displacement: Called to Transforming Discipleship in a Context of Racism and Xenophobia", Arusha, 9. März 2018 (Aufzeichnungen der Autorin).

säkularisierte und materialistische Welt (8). Zwischenstufen oder Grautöne werden wegretuschiert."[6]

Ich teile die Bedenken von Ahrens ebenso wie seine Beobachtung, dass sich in diesem Kontrast von „Welt" und „christlicher Gemeinde" wieder – wie einst vor der Konzeptionalisierung von Mission als Missio Dei – die Tendenz zu einem triumphalen Verständnis von Kirche und ihrer Mission abzeichnet. Denn ganz zweifellos ist zwar Kritik an den derzeitigen desaströsen globalen neo-liberalen Entwicklungen dringend gefordert und verwandelnde Nachfolge so notwendig wie schon zu Zeiten Dietrich Bonhoeffers, dessen Werk „Nachfolge" in Arusha häufiger zitiert wurde. Doch mutet der Diastasehabitus, der Christinnen und Christen als „gerechte und integrative Gemeinschaft" von der Welt absetzt, wie die Abschlusserklärung von Arusha unter Hinweis auf Johannes 14,27 formuliert, nicht nur überheblich an. Er ist vor allem auch theologisch fragwürdig. Kirche ist als Gemeinschaft von Sündern und Gerechtfertigten immer ein *corpus permixtum.* Sie ist zugleich herausgerufene *ekklesia* wie in die Welt hineingeworfene Gemeinschaft, die wie alle Menschen unter den Bedingungen des Bösen wie des Guten, im „Fleisch" wie im „Geist" lebt. Sie lebt in der Spannung zwischen dem „Schon-Jetzt" und dem „Noch-Nicht". Was in der Überbetonung der Differenz vernachlässigt wird, ist die Rückbindung des Lebens im Geist an den inkarnierten Logos, der die Diastase, die Grenze, zur Welt hin gerade durchbrochen hat und sich in Beziehung und Abhängigkeit zur Welt begeben hat. Die Gemeinschaft der Gerechtfertigten und die Nachfolge Jesu Christi lassen sich daher nicht im Diastase-Habitus leben, weil sie nicht gänzlich unterschieden sind von der Welt. Die Formulierung "transforming discipleship" im Titel von Arusha bringt eigentlich genau diese Spannung zum Ausdruck, denn *transforming* meint nicht nur, dass die Nachfolgenden die Welt verändern, sondern dass sie – im intransitiven Sinn des Wortes – als allererstes selbst der Verwandlung bedürfen.

Ein weiteres Argument gegen den an der Weltmissionskonferenz an den Tag gelegten Differenzhabitus ist schließlich auch, dass der wiederholte Appell, dass Kirche sich absetzen möge von der Welt, auch der höchst bedenklichen Logik von Innen und Außen folgt, die heute in identi-

---

[6] *Theodor Ahrens:* Erwägungen zur neuen Missionserklärung des ÖRK; in: *Missionsakademie an der Universität Hamburg* (Hg.): Gemeinsam für das Leben: Mission und Evangelisation in sich wandelnden Kontexten. Eine kritische Auseinandersetzung, Hamburg 2013, 13–26, hier: 24. Die von Ahrens in Klammer gesetzten Ziffern entsprechen den Abschnitten in der Missionserklärung.

tären und populistischen Logiken gefährlich wieder aufkeimt. Der Geist Gottes, so erzählt die Geschichte von der Aussendung des Geistes in Apg 2, überwindet aber gerade Grenzen und baut Zäune zwischen kulturell und sprachlich definierten Gruppen ab.

Warum, so lassen diese offensichtlichen theologischen Mängel fragen, dominieren spätestens seit der Missionserklärung von Busan die dichotomen Ordnungsmuster die gegenwärtige Debatte über Mission? Spiegelt sich in ihnen lediglich der (Un-)Geist der Zeit, der die Differenzen mehr betont als die Ähnlichkeit? Oder verweisen sie auf mehr? Ein genaueres Hinsehen scheint dringend nötig. Denn zum einen ist die Empire-Kritik unüberhörbar geworden, zum andern wird die Empire-Kritik oftmals mit dem Hinweis auf die besondere Verletzbarkeit der Menschen an den "margins" verbunden, also mit einem Thema, das seit der Missionserklärung von Busan und der dort formulierten "Mission from the Margins" zu einem neuen Paradigma von Mission erhoben wurde.

Um es vorweg zu sagen: Ich halte dieses Missionsparadigma für überaus bedeutsam, weil es zum Ausdruck bringt, dass sich seit Jahrzehnten nichts verändert hat an der Marginalisierung der einen zugunsten der anderen. "Stories", Gegengeschichten, wie die der oben erwähnten Theologin Mutale Mulenga-Kaunda über die Diskriminierungen und die Härte, die sie in ihrer Kindheit in Sambia als Tochter einer alleinerziehenden, an HIV/Aids erkrankten Mutter erfahren hat, sind dringend nötig, um die Stimme der "margins" zu hören. Die Frage ist jedoch: Wer ist das Subjekt einer solchen "Mission from the Margins"? Ist, wer davon spricht, nicht bereits Empire, so wie ich, eine weiße europäische Theologin, die das Privileg genießt und dafür dankbar ist, in nicht-prekären Lebensverhältnissen leben zu dürfen? Es fällt auf, dass diejenigen, die aus der privilegierten Position des Sprechen-Könnens das Paradigma "Mission from the Margins" verwenden, dieses bislang oftmals als politisches Schlagwort benutzen und damit entweder Solidarität bekunden oder Kritik am Empire üben. Der theologische Erkenntnisgewinn, die Bedeutung und die Impulse der "Mission from the Margins" sind hingegen noch längst nicht ausreichend entfaltet.

3. Widerstand gegen und Komplizenschaft mit dem Empire: Einsichten der postkolonialen Theorie

Um die Bedeutung der dichotomen Rhetorik in der gegenwärtigen Missionsdebatte sowie Perspektiven einer Missionstheologie von den "margins" genauer zu verstehen, beleihe ich die postkoloniale Kritik, denn sie

hat hinsichtlich der Analyse von kolonialen und postkolonialen Stereotypen in den letzten Jahrzehnten neue Perspektiven eröffnet. Insbesondere
die Einsichten der postkolonialen und Subaltern-studies-Forscherin, Gayatri Spivak, zur Macht und Logik hegemonialer Diskurse besitzen für die an-
gezeigte Problematik eine besondere Relevanz. In "A Critique of Postcolonial Reason"[7] zeigt Spivak auf, wie sehr der subalterne Widerstand ver-
strickt ist mit dem, wogegen sich der Widerstand ursprünglich richtet.
Castro Varela und Dhawan fassen diese Einsicht Spivaks zusammen:

> „Der Kampf gegen bestehende Herrschaftsverhältnisse stehe immer in der Gefahr, die
> Normen und Werte des kolonialen Diskurses zu verstärken, indem sich Teile von
> diesem in die Gegendiskurse einschreiben. [Spivak] spricht hier von einer ‚Wieder-
> holung in den Rissen' (repetition-in-rupture [...]). Dies veranschaulicht, dass die bloße
> Umkehrung eines hegemonialen Diskurses diesen nicht aufheben kann, sondern
> stattdessen eine Argumentation repliziert, die in der dualistischen Logik gefangen
> bleibt. [...] Dagegen solle angestrebt werden, opponierende Begriffe zu destabilisie-
> ren [...] Ein simpler Gegendiskurs ist anfällig für Vereinnahmungen."[8]

Die These, dass sich die Risse hegemonialer Diskurse in Gegendiskur-
sen fortsetzen, stellt hinsichtlich der Anti-Empire-Rhetorik die gegenwärtige Missionsdebatte vor die folgende Frage: Handelt es sich bei ihr um
eben diese einfache Umkehrung des hegemonialen Diskurses, die das Empire erst so richtig stabilisiert, weil sie ihm eine so große Bedeutung bei-
misst? Und wird mit der Gegenüberstellung des Geistes Gottes gegen den
Ungeist der Welt eine moralische Überlegenheit konstruiert, die die trium-
phalistisch-koloniale Attitüde spiegelbildlich kopiert? Oder sind der Widerstand gegen das Empire und die mitunter essentialistisch-festschreibend
anmutende Betonung der "margins" eine Strategie, die den subalternen
Stimmen Gehör verschaffen soll, ein „strategischer Essenzialismus"? Als
solchen bezeichnet Spivak jene Form des gegen-hegemonialen Widerstands, die bei aller gebotenen Dekonstruktion von Identitäten manchmal
notwendig sei, damit sich subalterne politische Interessensgruppen bilden
können. Ein strategischer, gezielt eingesetzter Gebrauch des Begriffs „subalterne Identität" könne subalterne Minoritäten darin unterstützen, ein
neues Bewusstsein ihrer eigenen handelnden Subjektivität und *agency* zu
gewinnen. In den Worten von Arundhati Roy: Es geht darum, durch *eigene*
Geschichten, Kunst oder Musik Handlungsfähigkeit zurückzuerlangen.

[7]   *Gayatri Chakravorty Spivak:* A Critique of Postcolonial Reason: Toward a History of the
      Vanishing Present, Harvard 1999.
[8]   *María Castro Varela/Nikita Dhawan:* Postkoloniale Theorie. Eine kritische Einführung,
      Bielefeld ²2015, 178.

Spivaks Vorschlag führt auf eine Spur, die auch für das Verständnis der "Mission from the Margins" hilfreich ist: Wie kann sich mit Hilfe der essentialistischen Gegenüberstellung von "margins" und Empire die Handlungsmacht und Stimme jener sichtbar und hörbar machen, die nicht gehört und gesehen werden? Was bedeutet dies für das Verständnis von Mission? Was bedeutet es für die so genannten Ränder wie für die so genannten Zentren?

4. *"Mission from the Margins" oder Inszenierung einer Völkerschau?*

Die Weltmissionskonferenz in Arusha widmete dem Thema "Mission from the Margins" einen ganzen Vormittag. Eine Darbietung, die die Teilnehmenden der Vor-Konferenz junger indigener Menschen inszenierten, eröffnete das Plenum. Ihr folgte der Beitrag von Adi Mariana Waqa, einer jungen indigenen katholischen Theologin aus Fidschi. Die traditionelle Kleidung der Beteiligten unterstrich, dass es sich bei den Mitwirkenden um Repräsentantinnen und Repräsentanten von Kulturen mit reichen, eigenständigen Traditionen handelte. Durch das Tragen von folkloristischen Gewändern und das Mitführen traditioneller Gegenstände brachten die jungen Erwachsenen ihre Identifizierung mit der eigenen Kultur sowie den Kampf gegen kulturelle und soziale Marginalisierung zum Ausdruck. Lässt sich dies als ein essentialistischer Widerstand von den "margins" her denken? Diese Frage ist von außen kaum zu beurteilen. Mit welchem Recht auch sollte eine westliche Theologin dieses Phänomen interpretieren dürfen? Welche Deutungsmacht steht ihr zu?

Nichtsdestotrotz: Die Wirkung, die diese wie auch immer „gemeinte" Darstellung auf Menschen hat, die nicht dem Kreis derer angehören, deren Stimme hier zum Ausdruck gebracht werden sollte, ist für den Diskurs über Ränder und Empire von Bedeutung. Der aus dieser Perspektive gewonnene Eindruck ist der, dass auch wenn Spivak hinsichtlich der machtvollen Wirkung essentialistisch-kulturalistischer Visibilisierungen sicher Recht zu geben ist und sich auch in Arusha niemand der Aufmerksamkeit für die Gruppe indigener junger Erwachsener in jenen Differenz und exotischen Flair produzierenden traditionellen Gewändern entziehen konnte, vermittelte der Auftritt gleichwohl mithin den Eindruck einer Völkerschau. Mehr noch als die folkloristischen tansanischen Chöre und die von der Konferenzplanung gewollt „afrikanische" Note der Konferenz transportierte die Inszenierung der jungen Indigenen als Marginalisierte ein kulturrelativistisches Bild, das „andere" Kulturen überhaupt erst zu „anderen" stilisiert und sie „verändert", indem es sie in einer anderen Vor-Zeit verortet und quasi unter Denkmalschutz stellt.

Die Vorstellung der indigenen jungen Erwachsenen in der traditionellen Kleidung schien somit der kolonialen, dichotomisierenden Logik zu folgen, die sie eigentlich kritisierte, ja mehr noch: Sie verstärkte diese Logik noch, indem sie die kolonialen Gegensätze wiederholte – zwischen „traditional versus modern; mündlich versus schriftlich und gedruckt; agrarischen und traditionellen Gemeinschaften versus städtischer und industrialisierter Bevölkerung; Subsistenzwirtschaft versus produktionsstarken Wirtschaftssystemen"[9]. Diese Oppositionen unterstreichen die koloniale Einbildung, dass es zwischen den marginalisierten indigenen Kulturen und der „Moderne" einen Zwischenraum gibt, eine Lücke, die sich nicht schließen lässt. Der kongolesische Literaturwissenschaftler und Anthropologe Valentin Mudimbe prägte dafür den Begriff "marginality".[10] Die Tragik dieser vorgestellten konstruierten Marginalität, des Zwischenraums, zwischen „alten" indigenen Kulturen und Moderne, bestehe in der Annahme, dass es keine Verbindung, Kontinuität und Vereinbarkeit zwischen „traditionell" und „modern" gebe. Die traditionale Kultur kann also die Moderne, die sie zu begehren gelernt hat, nur durch einen Sprung über den Zwischenraum der Marginalität erreichen.

Folgt man diesem Verständnis, dass die Marginalität, also der unüberbrückbare Raum zwischen den Kulturen, eine koloniale Erfindung ist, die den Unterschied und die Inkompatibilität zwischen Kolonisierten und Kolonisierern durch die Versetzung ersterer in eine andere Vor-Zeit „begründet", dann ist auch der Begriff der "margins" verflochten mit dem kolonialen Diskurs und Gegendiskurs und läuft Gefahr, diesen zu verstärken, statt ihm den Sauerstoff zu entziehen.

Die Rede von den "margins" ist dann nicht nur von der Tragik gezeichnet, dass die "margins" Empire sein wollen, weil sie es so gelernt haben. Sie haben auch zu glauben gelernt, dass sie ihre Kultur „verlieren", wenn sie Anschluss an die Moderne suchen. Das ist eine nicht unbegründete Annahme, die schon in der Zeit der Unabhängigwerdung der ehemaligen Kolonien äußerst präsent war, wie die Bemerkung von Bigo zeigt:

> "The young nations rightly fear seeing their original world swallowed up in the whirlpools of industrial society and disappear forever, somewhat like animal species we try with difficulty and often in vain to protect against the invasion of technical man."[11]

---

[9] *Valentin Mudimbe:* The Invention of Africa. Gnosis, Philosophy and the Order of Knowledge, London 1988, 4.

[10] A. a. O., 5.

[11] *Pierre Bigo:* L'Eglise et la révolution du tiers monde, Paris 1975, 23, zitiert nach *Mudimbe,* Invention (s. Anm. 9), 5.

Diese anhaltende Tragik schwingt auch in der Rede von Waqa aus Fidschi mit, selbst dort, wo sie stellvertretend für die anderen jungen „Indigenen" ihre Handlungsmacht und Handlungsfreiheit betonte:

> "I am Adi Mariana Waqa, I am poor, I am bound, I am unfavoured, I am oppressed! But I am a precious child made in the Image of God. I have agency, I am worthy, I have a voice, and I am free! I am free because I live and walk in the Spirit! I am free and I joyfully bear God's Good News and hope as Christ's disciple from the margins transforming the world. Thanks be to God!"[12]

5. "Margins" – Orte alternativer Epistemologien

Die Rede von den "margins", von Marginalität und von der "Mission from the Margins" oszilliert also zwischen der Wiederholung kolonialer dichotomer Stereotypen und einem Widerstandsdiskurs. Sie läuft wie gesehen Gefahr, die Illusion des Zentrums zu stabilisieren, ja die Vorstellung von der „notwendigen" Existenz eines Zentrums überhaupt erst zu produzieren. Die geschilderte Inszenierung der indigenen Erwachsenen in Arusha stellt damit zugleich vor die Frage, wie es gelingen kann, dass Menschen an den "margins" so ihre Stimme einbringen und gehört werden, dass sie nicht wieder zu exotischen Randfiguren werden, wodurch die Marginalisierung und Dichotomie von Rändern und Zentren vertieft wird.

Die Liste der postkolonialen Literatur, die zu dieser Frage konsultiert werden kann, ist üppig und heterogen und reicht von Spivak und Homi Bhabha über postkoloniale Theologinnen und Theologen wie R. S. Sugirtharajah und Mayra Rivera bis hin zu den Autorinnen und Autoren, die in der Entwicklung von Theologien der Migration und Flucht eine besondere Aufmerksamkeit auf die Grenze und den Rand legen – etwa Jörg Rieger, Jorge Castillo Guerra oder Letizia A. Guardiola-Sáenz. Was diese Ansätze verbindet, ist die Suche nach alternativen nicht-kolonialen und nicht-gegen-kolonialen Denkmustern.

Für die Weiterentwicklung der "Mission from the Margins" ist besonders die Neubewertung der Grenze und des Randes durch den argentinischen Philosophen Walter Mignolo inspirierend. Grenzdenken wird hier

---

[12] *Adia Mariana Waqa:* Becoming Disciples, Transforming the World. Siehe: www.oikoumene.org/en/resources/documents/commissions/mission-and-evangelism/becoming-disciples-transforming-the-world-keynote-message-by-adi-mariana-waqa/ (aufgerufen am 30.04.2018).

nicht in der kolonialen Logik der Marginalität vorgestellt, sondern als epis-temischer Ungehorsam.[13] Das Denken in den Randzonen der Gesellschaft und von diesen her, unterlaufe, so Mignolo, feste und unveränderbare Wahrheitsbehauptungen. Es fordere dazu auf, Denken und Wissensforma-tionen zu dezentrieren. Grenzen und Ränder werden, in den Worten von Homi Bhabha formuliert, zu „dritten Räumen", zu Orten, an denen alterna-tives und subversives Wissen produziert und ausgedrückt wird. Das Den-ken von den Rändern her will sich also der dichotomen Gegenüberstellung entziehen. Es will kein Gegen-Wissen produzieren. Der „dritte Ort" ist vielmehr ein Raum, der die oppositionellen Gegenüberstellungen gerade unterläuft und dem Zentrum, dem Empire, dadurch die Macht nimmt, den Sauerstoff entzieht. Jörg Rieger fasst Walter Mignolos Grundgedanken zu-sammen:

> Das Grenzdenken behauptet keinen „universalen Zugang zur Wahrheit oder die kühle Objektivität der Sozial- und Naturwissenschaften. Grenzdenken entsteht aus der Perspektive jener heraus, die die Unterdrückung durch Kolonialismus und Im-perialismus am eigenen Leibe erfahren [...] Grenzdenken – und seine Wahrheit – erwachsen letztlich aus den Wunden der kolonialen Vergangenheit, den Erinnerun-gen und Erfahrungen".[14]

Das Wissen, das in den Grenzzonen produziert wird, ist also aus Erfah-rung geborenes und theologisch gedeutetes Wissen. Es drückt sich aus in *eigenen* Geschichten, hat aber längst schon auch eine Vielzahl theologi-scher Werke hervorgebracht. Befreiungstheologien, Schwarze und Dalith-Theologien und viele andere so genannte „kontextuelle" Theologien versu-chen schon seit Jahrzehnten, „Grenz-Wissen", das Wissen so genannter "margins", auch im „Zentrum" zu Gehör zu bringen.

Eines ihrer wesentlichen Merkmale ist, dass sie in der Auseinanderset-zung mit dem konkreten Kontext und darin auch und besonders mit Erfah-rungen der Unterdrückung entstanden sind. Sie sind also gelebte und er-fahrene Theologien. Die Forderung nach einem solchen epistemologischen Paradigmenwechsel und die Betonung der Orthopraxie anstelle der – eine universale Wahrheit suggerierenden – Orthodoxie findet sich schon 1976

---

13   *Walter D. Mignolo:* Local Histories/Global Designs: Coloniality, Subaltern Knowledges, and Border Thinking, Princeton 2000.

14   *Joerg Rieger:* Liberating God-Talk. Postcolonialism and the Challenge of the Margins; in: *Catherine Keller/Michael Nausner/Mayra Rivera* (Hg.): Postcolonial Theologies: Divi-nity and Empire, St. Louis 2004, 204–220, hier: 216, mit Hinweis auf *Mignolo,* Local Histories (s. Anm. 13), 37.

„Wir müssen nämlich, um dem Evangelium und unseren Völkern treu zu sein, uns über die Wirklichkeiten unserer eigenen Situation Gedanken machen und das Wort Gottes im Verhältnis zu diesen Wirklichkeiten interpretieren. Eine bloß akademische Theologie, die vom Handeln getrennt ist, weisen wir als belanglos zurück. Wir sind bereit, in der Epistemologie einen radikalen Bruch zu vollziehen, der das Engagement zum ersten Akt der Theologie macht und sich auf eine kritische Reflexion oder die Realitätspraxis der Dritten Welt einlässt."[15]

Die gegenwärtige Betonung der "margins" zeigt, dass sich trotz der Bemühungen der EATWOT-Theologinnen und -Theologen und zahlreicher anderer an der Situation der Marginalisierung nicht viel geändert hat. "Still at the Margins"! Der Titel einer Veröffentlichung des postkolonialen Theologen Sugirtharajah fasst diese Tatsache unverblümt zusammen. Entgegen der Vorstellung, dass die Kritik der letzten Jahrzehnte am Empire etwas bewirkt hat, vertreten viele postkoloniale Theoretiker die Position, dass Gehört-Werden und Widerstand heute sogar noch schwerer geworden sind. Das hängt auch mit der Tatsache zusammen, dass die Ränder des Empire, die ohnehin nie statisch sind, sondern sich permanent verschieben, in den letzten Jahren noch schwerer greifbar geworden sind. „Mitten in den allumfassenden Netzwerken des Empires", so beschreibt Mayra Rivera die derzeitige Entwicklung, nehmen „Ränder jedoch rasch zu. Nicht außerhalb der Machtzentren, sondern in ihnen".

Die klare Zuordnung von Rändern und Zentren verschwimmt also, was, so Rivera weiter, „von manchen Theoretikern als das Ende der Möglichkeiten effektiver Kritik und des Widerstands gedeutet wird"[16]. Gerade in dieser Situation aber sind die Überlegungen und Strategien von Mignolo, Bhabha und anderen zu den Rändern als Orten gelebten Widerstands und alternativer Wissensdiskurse zentral. Auch die ökumenische Bewegung legt also mit ihrer pointierten Betonung der "margins" den Finger auf eine zentrale offene Wunde der gegenwärtigen globalen Entwicklung, hat aber den Schatz des alternativen und kritisch-widerständigen Wissens noch nicht ausreichend und vor allem noch nicht in der Form des Unterlaufens der kolonialen Logik gehoben.

---

[15] *Schlusserklärung.* Ökumenischer Dialog von Theologen der Dritten Welt, Daressalam/Tansania, 5.–12. August 1976; in: *Sergio Torres* u. a. (Hg.): Dem Evangelium auf der Spur, Frankfurt a. M. 1980, 137.

[16] *Mayra Rivera:* Ränder und die sich verändernde Spatialität von Macht. Einführende Notizen; in: ZMiss 1–2 (2012), 90–109, hier: 108.

6. Ausblick: "Mission from the Margins" – und die Zentren?

Das Thema "Mission from the Margins" stellt unweigerlich vor die Frage, wenn nicht sogar vor das Dilemma, wie die Zentren sich zu dem Wissen der "margins" verhalten. Das betrifft auch und gerade die Weltmissionskonferenz oder den ÖRK, verkörpern sie doch trotz aller Bemühungen um Dezentrierung einen Zusammenschluss und damit ein „Zentrum" von unterschiedlichen Kirchen. Unaufgebbar ist sicherlich die Solidarität für Menschen, die am Rande der Gesellschaft leben. Die Vollversammlung des ÖRK hat diese in Busan etwa in der Idee vom Pilgerweg der Gerechtigkeit und des Friedens umgesetzt.

Daneben aber ist es nötig, das Paradigma der "Mission from the Margins" inhaltlich weiter im Sinne des genannten Bruchs mit westlicher Wissenskontrolle voranzutreiben. Dazu gehört die Entwicklung einer Theologie der Enthaltsamkeit, der Aufgabe von „Kontrolle", der Dezentrierung und des – in befreiungstheologischer Terminologie – *des-conocimiento,* des Verlernens von stereotypem Wissen. Dadurch lernen wir, so der indische Kulturwissenschaftler Dipesh Chakrabarty, eine neue, eine fragmentarische Wahrheit:

> "the subaltern can teach us to give up control – which amounts to nothing less than a new way of knowing the truth: 'To go to the subaltern in order to learn to be radically ›fragmentary‹ and ›episodic‹ is to move away from the monomania of the imagination that operates within the gesture that the knowing, judging, willing subject always already knows what is good for everybody, ahead of any investigation'."[17]

Die ÖRK-Arbeitsgruppe "Mission from the Margins" lädt in einem für die Weltmissionskonferenz produzierten Text sehr ähnlich wie Chakrabarty dazu ein, das eigene Wissen durch die Begegnung mit den Menschen an den Rändern und ihren Geschichten verändern zu lassen:

> „Wir bestehen darauf, dass der Ort der Begegnung zwischen Menschen das Zentrum von Mission ist; er ist Gottes Raum. Er ist der Ort des Herzens – das Zentrum unseres Lebens, der Ort, an dem verwandelnde Nachfolge geschieht. Wir wollen nicht dafür plädieren, dies oder jenes zu tun, sondern dafür, dass wir einander zuhören und hören, dass Gottes Stimme zu uns allen spricht. Wir werden daran erinnert, dass die Mächte Jesus kontinuierlich an den Rand geschoben haben, während er sie kon-

---

[17] *Dipesh Chakrabarty:* Radical Histories and Question of Enlightenment Rationalism; in: *Vinayak Chaturverdi* (Hg.): Mapping Subaltern Studies and the Postcolonial, London 2000, 256–280, 275.

tinuierlich eingeladen hat. Die Ränder sind das Herz der Dinge, der Ort, an dem Herzensangelegenheiten Bedeutung haben. An den Rändern findet manchmal eine heilige Unterbrechung statt. Propheten haben in der Wildnis Visionen erfahren [...] Die Ränder sind Räume voller Gnade und Orte, die verwandeln."[18]

Ganz jenseits von Folklore und dichotomischem Gegendiskurs wird hier gleichwohl an die Notwendigkeit von kritisch-widerständigem Wissen erinnert und zu Perspektivwechsel und anderem Wissen eingeladen.

Ein weiterer Schritt wäre es darüber hinaus, zu konkreten Dialogen einzuladen, auch und gerade mit Vertretern und Vertreterinnen des politischen und wirtschaftlichen Empire. Nur in der konkreten Begegnung, der Auseinandersetzung und vielleicht auch im konstruktiven Streit gewinnen "margins", wenn sie sich hier selbst repräsentieren, Handlungsmacht und Stimme.

---

[18] *Mission from the Margins Working Group:* Moving in the Spirit – Called to Transforming Discipleship. Theological Reflections from the Margins; in: *Jooseop Keum* (ed.): Resource Book. Conference on World Mission and Evangelism. Moving in the Spirit: Called to Transforming Discipleship, 8–13 March 2018, Arusha, Tanzania/Genf 2018, 50–61, hier: 50f.

„Verwandelnde Nachfolge" in einem Kontext des bedrohten Schalom (Nigeria): Nach-Gedanken zur Weltmissionskonferenz 2018 in Arusha (Tansania)

Lesmore Gibson Ezekiel[1]

Einleitung

Die Vorstellung von einer Jüngerschaft, die sich zugleich für Verwandlung einsetzt, war in letzter Zeit ein wichtiges Thema im religiösen Diskurs. Wie kann ein Mensch ein treuer Jünger oder eine treue Jüngerin in einer fragmentierten Welt sein, die die Grundlagen des christlichen Glaubenssystems infrage stellt, insbesondere in konfliktbeladenen Kontexten, in denen Menschen mit einer christlichen Identität täglich abgeschlachtet werden? Wie kann ein Christ oder eine Christin in einem durch Gewalt geprägten Umfeld dem Satz der Seligpreisungen verpflichtet bleiben: „Selig sind, die Frieden stiften; denn sie werden Gottes Kinder heißen"? Und Frieden stiften ist nicht allein auf Konfliktsituationen beschränkt. Es umfasst den ganzen Bereich des „Menschseins", so wie es im theologischen Verständnis vom *Schalom* zum Ausdruck kommt.

Ich teile die Ansicht, dass ein Jünger oder eine Jüngerin Jesu Christi sich für die Verwandlung seiner und ihrer Gesellschaft und Gemeinschaft einsetzen sollte. Der vorliegende Aufsatz versucht, dazu Perspektiven aufzuzeigen und bezieht sich dabei auf die kürzlich stattgefundene Weltmissi-

---

[1] Lesmore Gibson Ezekiel ist Pfarrer der Lutherischen Kirche Christi in Nigeria (LCCN). Er wurde in Missionswissenschaft und Ökumenischer Theologie an der Universität von KwaZulu-Natal in Südafrika promoviert und war u. a. Beauftragter für das Programm für christlich-muslimische Beziehungen in Afrika. Zurzeit ist er Projektkoordinator des "Symbols of Hope"-Projekts Nigeria, einer Initiative des Lutherischen Weltbundes, mit Sitz in Abuja, Nigeria.

[2] *Lesmore G. Ezekiel* und *Jooseop Keum* (eds.): From Achimota to Arusha: An Ecumenical Journey of Mission in Africa, Geneva 2018, S. IX.

onskonferenz in Arusha. Meine Beobachtungen zu dieser Konferenz be-
schränken sich auf die das menschliche Wohlbefinden betreffenden Aspekte, wie Gerechtigkeit und Frieden.

Ein perspektivischer Blick auf die Weltmissionskonferenz

Die gut vorbereitete Konferenz hinterließ einen starken Eindruck von
Geschwisterlichkeit, Kollegialität und Inspiration. Sie war in verschiedener
Hinsicht von Bedeutung, insbesondere für Afrika. „Afrika hat nach 60 Jahren wiederum die Ehre, Gastgeber der Konferenz für Weltmission und
Evangelisation zu sein ... Die Konferenz bietet die außerordentliche Möglichkeit, das gemeinsame Zeugnis zu fördern, afrikanische Impulse und
Führungsverantwortung in die Weltmission einzubringen und die reiche
christliche Vielfalt, Kollegialität und Geschwisterlichkeit Afrikas aufzuzeigen ..."[2] Die Konferenz war auch von historischer Bedeutung, weil sie vielen Delegierten aus anderen Teilen der Welt die ökumenische Gelegenheit
gab, das Leben in Afrika kennenzulernen. Die meisten Teilnehmenden aus
Afrika waren besonders beeindruckt von der bemerkenswerten Arbeit des
ÖRK-Komitees für Weltmission und Evangelisation (CWME) und der gast-
gebenden Kirche vor Ort.

Während der Konferenz wurden zentrale thematische Fragen wie Gerechtigkeit und Frieden angesprochen, insbesondere auch auf dem *sokoni*
(Marktplatz) und in den *warshas* (Workshops). Während des Plenums
„Mission von den Rändern" wurden Geschichten über die Konflikte der
Menschen in verschiedenen Teilen der Welt vorgestellt. Besonders berührt
haben mich die Geschichten über die wachsenden Herausforderungen aufgrund des Klimawandels, denen sich die Bewohner der Pazifikregion gegenübersehen, und die entmenschlichenden Erfahrungen der indigenen
Bevölkerungen. Ich kann sagen, dass alle Anwesenden zutiefst ergriffen
waren von dem Bericht des Patriarchen der Syrisch-Orthodoxen Kirche
über die Bombardements in Syrien. Selbst in dieser schrecklichen Lage halten die orthodoxen Christinnen und Christen an ihrem Glauben fest,
einige haben Kreuze gefertigt, die an die Zerstörung der Kirchen erinnern
sollen.

Was mir auch nach der Konferenz in Erinnerung bleibt, ist der *warsha*
über das ÖRK-Programm „Pilgerweg der Gerechtigkeit und des Friedens".
Dieser Workshop gab mir Gelegenheit, die Frage der Authentizität der In-

---

3   *Government of Nigeria:* "The Constitution of the Federal Republic of Nigeria, 1999 –
     Fundamental Rights (Enforcement Procedure) Rules, 2009", FGN, Abuja.

316 itiative zu stellen, angesichts der Tatsache, dass Mitglieder der internationalen Steuerungsgruppe jene Gebiete nicht besuchen können, in denen dies am nötigsten wäre. Vielleicht sollte der *modus operandi* des Pilgerwegs überdacht werden, um diesen Gruppenmitgliedern die Möglichkeit zu geben, mit den Opfern gewaltsamer Konflikte direkt, in deren eigenen Kontexten zu kommunizieren. Vielleicht ist ein Überdenken der Rahmenbedingungen des Programms nötig, um den Opfern von Gewalt tatsächlich zu helfen. Das würde den Menschen vor Ort eher einleuchten als ökumenische Tagungen einer Referenzgruppe, die in einem gesicherten Hotel stattfinden (wie in Kaduna 2017 geschehen).

Es gab Workshops zur Frage, wie man das interreligiöse Engagement verbessern könne, insbesondere zwischen Christen und Muslimen. Die Notwendigkeit eines fortgesetzten Dialogs und anderer Verbindungen zwischen Anhängern des Islams und des Christentums kann aus vielen Gründen nicht genug betont werden. Diese zwei monotheistischen Religionen sind die mit den größten Anhängerschaften, die ihrerseits andere zwar konvertieren wollen, aber selbst nicht konvertiert werden wollen. Die geschwisterliche Rivalität zwischen beiden zeigt sich in verschiedenen Formen und Handlungen. Die Teilnehmenden des Workshops wurden in der Einsicht bestärkt, dass die eigene Teilnahme an interreligiösen Aktionen notwendig ist.

Vor dem Hintergrund des eigenen Kontextes:
a. Die Religiosität Nigerias verstehen

Nigeria ist eine Bundesrepublik, in deren Verfassung steht, dass „die Regierung des Bundes oder eines Staates keine Religion als Staatsreligion festlegen soll"[3]. Eigentlich ist Nigeria also ein „säkularer Staat" und soll es auch bleiben. Aber ist das wirklich so? Ich bezweifle das, denn Religion wird für so viele Zwecke instrumentalisiert. Religion ist in verschiedene Bereiche des nationalen Lebens hineingezogen worden. Zur Zeit des Beginns der demokratischen Ordnung übernahmen einige Bundesstaaten in der nördlichen Region Nigerias die Scharia als einen Teil der staatlichen Rechtsprechung. Ein solches Vorgehen ist eine offene Verletzung des Geistes und des Buchstabens der Verfassung von 1999 und steht im Widerspruch zu der Philosophie und den Grundsätzen des „säkularen Staates".

[4]   Vgl. *Hassan Matthew Kuka:* Religion, Politics and Power in Northern Nigeria, Ibadan 1993.

Die Einführung der Scharia durch diese Bundesstaaten rief den gewaltsamen Widerstand von Nichtmuslimen hervor. Allerdings hat die Frage der Einführung der Scharia in das nigerianische Rechtssystem eine lange Tradition. Sie reicht zurück bis in die Zeit des von Uthman dan Fodia ausgerufenen Dschihad (1804). Während der Kololonialzeit überredeten die Emire im Norden die Kolonialverwalter, die Einrichtung von Scharliagerichten neben den üblichen Gerichten zu erlauben, wobei Strafen wie Steinigung, Amputation und Kreuzigung nicht erlaubt waren.[4] Die Debatte über die Scharia gibt es also schon über einen langen Zeitraum. Die Väter und Mütter der Verfassung von 1999 sahen es aber wohl als problematisch an, religiös begründete Rechtssysteme zu erlauben, weil dies zu katastrophalen Verhältnissen führen würde. Deshalb gestatteten sie nicht, das Schariarecht als Alternative einzuführen.

Seit Anfang der 1980er Jahre kam es in Nigeria verstärkt zu religiös motivierter Gewalt, etwa durch die Maitatsine-Aufstände im Norden, die viele Menschenleben kosteten und vom Militär niedergeschlagen wurden.[5] Nach Virginia Comolli ist „Maitatsine der wohl am häufigsten zitierte religiös motivierte Aufstand in Nigeria"[6]. Nach der Dezimierung des radikal-islamischen Netzwerkes von Maitatsine und der Tötung seines Anführers Mohammed Marwa Maitatsine erfreute sich Nigeria relativen Friedens. Dieser relative Frieden wurde beendet durch den Ausbruch der schrecklichen Boko Haram-Aufstände im Jahr 2009. Man hat Boko Haram als die mörderischste aller islamistischen Gruppierungen bezeichnet. Tausende von Menschen sind getötet, Millionen vertrieben, und ein unabschätzbarer Wert an materiellen Gütern und Lebensgrundlagen ist zerstört worden. Die Boko Haram werden in die Geschichte als die todbringendste und niederträchtigste Gruppe eingehen, die Nigeria am Anfang des neuen Jahrtausends heimsuchte.

Im Zusammenhang mit der Bedrohung durch Boko Haram sieht sich das Land immer wieder auch mit dem gewaltsamen Konflikt zwischen Viehzüchtern und Land-Bauern in manchen Teilen Nigerias konfrontiert. Religion ist in diesen Konflikt schlicht durch die Tatsache involviert, dass die Viehzüchter vorwiegend muslimisch und die Bauern christlich sind. Es kam zu Vorfällen, in denen Viehzüchter unschuldige Christen während des Gottesdienstes angegriffen haben. Priester und Gläubige wurden kaltblütig ermordet. Wie kann man also von der Religion absehen bei diesen gewalttätigen Angriffen durch die Viehzüchter, wenn ihre Gewalt Gottesdienstbe-

---

[5] Vgl. *Virginia Comolli:* Boko Haram: Nigeria's Islamist Insurgency, London 2015, 39.
[6] A. a. O.

318 suchern und Kirchen galten? Es stellt sich die Frage nach den Zielen der Mörder. Ging es um Land für das Vieh oder gibt es da verborgene religiöse Motive, die aufgedeckt werden müssen?

Nigeria bezeichnet sich als ein säkulares Land, das aber religiös geprägt ist, ohne notwendigerweise eine der zwei Hauptreligionen, Christentum und Islam, als Staatsreligion zu etablieren. 90 Prozent der Bevölkerung sind religiös, entweder Christen oder Muslime. Man hat Nigeria scherzhaft als Exporteur religiöser, insbesondere pfingstlerischer und charismatischer christlicher Ausdrucksformen bezeichnet. Kein Dorf in Nigeria ist ohne Kirche oder Moschee. In manchen Städten gibt es über hundert Kirchen und Moscheen. Die Religion ist tief in der Psyche des Landes verwurzelt, nichts geschieht ohne Religion. Politische und kulturelle Veranstaltungen beginnen und enden mit Gebeten. Beamte und Politiker schwören bei ihrem Amtsantritt auf die Bibel oder den Koran. In den mehr als vier Jahrzehnten meines Lebens habe ich noch nie gehört, dass jemand ohne Schwur auf die Bibel oder den Koran in sein Amt eingeführt worden wäre. Das bringt es mit sich, dass Religion eben auch sehr leicht zu politischen und ökonomischen Zwecken missbraucht werden kann. Religion sollte ein Mittel der Emanzipation und der Selbstbefähigung sein, aber sie wird in vielen Fällen benutzt, um unschuldige Anhänger zu manipulieren, damit diese in ihrer Verblendung im Anderen nicht zuerst den Menschen, sondern dessen Religion sehen. Religion an sich ist ja nicht das Problem, sondern die Anhänger der verschiedenen Religionen. Wenn religiöse Führungspersonen nicht sachlich und nüchtern die perversen Lehren der religiös daherkommenden Geschäftemacher korrigieren, wird man der Religion immer vorwerfen, Opium für das Volk zu sein. Nigeria ist schon lange den negativen Einflüssen von religiösem Extremismus und Fundamentalismus ausgesetzt.

b. Politik ist religiös und Religion ist politisch geworden

Es gibt Kräfte, die im Innern gegen den Schalom im Land arbeiten. Das sind religiöse, politische, wirtschaftliche, gesellschaftliche, kulturelle, militärische und weitere Kräfte, die subtil vorgehen. Religion ist dazu benutzt worden, die Bürger zu polarisieren. Religion hat die Menschen gespalten, sodass sie Menschen anderen Glaubens als zweitrangig ansehen und behandeln. Diese lächerliche Haltung beeinflusst das politisch-gesellschaftliche Leben. Leider werden Personen in den meisten Fällen aufgrund ihrer religiösen Zugehörigkeit in bestimmte politische Ämter gewählt. Als Folge bekommen die falschen und ungeeigneten Personen wichtige Ämter. Und

die schüren dann die religiösen Gefühle, um von ihrer Unfähigkeit abzu-
lenken. Religiöse Solidarität wird dazu benutzt, um Fehler und Schwächen
der Regierenden zu kaschieren. Wie der hellsichtige und gelehrte Rechts-
anwalt und Professor P. L. O. Lumumba sagt, haben Afrikaner die religiöse
und kulturelle Neigung, schamlos ihre eigenen Diebe auszuhalten. Menschen, die öffentliches Gut gestohlen haben, werden in Kirchen und Moscheen gefeiert, anstatt dass sie von den Menschen, die den gleichen kulturellen und religiösen Hintergrund haben, gerügt und öffentlich enteignet
werden. Ohne Zweifel hat Religion in Nigeria eine große Macht.

Es ist so, wie es Perry B. Yoder sagt: „Die Kirchen, die darin versagt haben, die gute Nachricht für die Unterdrückten zu werden, sind manchmal
sogar zur schlechten Nachricht geworden!"[7] Für Nigeria könnte das jedenfalls zutreffen. Politik ist religiös geworden und Religion ist politisch geworden. Und beides ist nicht gut für das Land. Religion muss die Politik auf
eine prophetische, lebensbejahende Art und Weise in den Blick nehmen
und nicht zum Schaden der Bürger werden.

Das Wirtschaftssystem ist kapitalistisch, und die wirtschaftliche Globalisierung richtet sich ohne Zweifel gegen die Armen, die die Mehrheit der
Bevölkerung bilden. Nigeria hat blindlings den von den Bretton-Wood-
Organisationen vorgeschlagenen Wirtschaftstyp übernommen, ein Wirtschaftssystem der kapitalistischen Vorherrschaft. Ein solches Wirtschaftssystem führt zur Verarmung der Massen und der schamlosen Konzentration von mehr als 90 Prozent des Reichtums des Landes in den Händen
von weniger als 10 Prozent der Bevölkerung. Die Armen lässt man in ihrer
Armut dahinvegetieren. Und zu allem Unglück halten sich Wohlstandspre-
diger an den Armen schadlos. Sie beuten die Armen aus, indem sie falsche
Hoffnungen wecken und Gott in einen Händler verwandeln. Und die Armen, die verzweifelt versuchen, die Wohlstandsleiter emporzuklettern, lassen sich durch solche perversen Botschaften beeinflussen. Sie merken
nicht, dass die Prediger ihrerseits verzweifelt versuchen, sich materiellen
Reichtum anzueignen. Ein großer Teil der Bevölkerung ist aufgrund seiner
Armut empfänglich für alle möglichen Formen der Radikalisierung und des
rücksichtslosen Verhaltens.

Die Mainstream-Kirchen haben die große Verantwortung, die gefähr-
dete Bevölkerung davon zu überzeugen, dass es besser ist, die Wohlstands-
prediger zu meiden. Oft stoßen sie dabei auf taube Ohren. Es entsteht unter der Masse der Bevölkerung eine Unruhe und ein Unbehagen, die dem
erwünschten Zustand des Friedens und der Ruhe entgegenwirkt.

---

[7] *Perry B. Yoder:* Shalom: The Bible's Word for Salvation, Justice, and Peace, Indiana
    1987, 139.

Es gibt viele Kräfte, die die Ruhe in Nigeria gefährden. Solche Kräfte müssen benannt und offen konfrontiert werden. Manchmal ist es möglich, sie in etwas Positives für das Allgemeinwohl umzuwandeln. Das Militär und die paramilitärischen Kräfte in Nigeria sollten eine Kultur übernehmen, die die Heiligkeit des Lebens achtet. Das Militär ist jüngst beschuldigt worden, gemeinsame Sache mit den (muslimischen) Viehzüchtern bei Angriffen gegen die (christlichen) Bauern zu machen. Das sind ohne Zweifel sehr schwerwiegende Beschuldigungen. Das Militär und alle Sicherheitskräfte müssen aber neutral bleiben, ihr Handeln darf im rechten Bürgerschaftsverständnis nicht von Stammesrücksichten beeinflusst sein.

c. Eine neue Theologie der Akzeptanz und Relationalität ist nötig

Im Kontext unlösbarer und/oder lang andauernder gewaltsamer Konflikte mit vielleicht religiösen Untertönen besteht die Notwendigkeit einer Neukonzeption der Theologie, die es den in den Konflikten involvierten Parteien erlaubt, größeren Nachdruck auf die „gemeinsame Menschlichkeit" zu legen, als auf die Dinge, die die Menschen voneinander trennen. Aufgrund der vielen gegensätzlichen Interessen ist es eine sehr schwierige Aufgabe, eine Theologie neu zu entwerfen, die alle im Netz des Konflikts gefangenen Parteien anspricht. Ist es möglich, in einem solchen Kontext, der nicht nur Anhänger des Christentums betrifft, Theologie neu zu denken? Wie kann sich Theologie in ein multireligiöses Umfeld einpassen?

Es ist viel über Frieden, Toleranz, Liebe und in gewissem Maße auch über Akzeptanz und Relationalität geschrieben worden. Für mich sind die Begriffe Akzeptanz und Relationalität von wesentlicher Bedeutung, wenn es darum geht, religiöse, politische und kulturelle Gräben zu überbrücken.

Eine Theologie, die Akzeptanz und Relationalität zwischen Menschen unterschiedlicher religiöser Zugehörigkeit verkörpert, ist von entscheidender Bedeutung für die Neutralisierung jener Kräfte, die Konfliktsituationen verschärfen. Mein Argument für eine Theologie der Akzeptanz gründet auf der sprachlichen Definition des Begriffs, die „den Willen, schwierige Situationen zu tolerieren" ins Zentrum stellt.

Diese Perspektive passt zu zahllosen Situationen, in denen Christen und Muslime im Norden Nigerias eine außerordentliche und unglaubliche Haltung der Gastfreundschaft gezeigt haben, die ihr Leben gefährdet hat. Sie riskierten es, andere aufzunehmen, obwohl sie wussten, dass es ihr Leben hätte kosten können, wenn sie entdeckt worden wären. Ein Beispiel für eine solche Haltung der Akzeptanz ist z. B. das Verhalten jenes Pfarrers – dessen Namen hier ungenannt bleiben soll –, der einen Soldaten in seinem Auto mitfahren ließ, der von christlichen Jugendlichen beschuldigt wurde, während der gewaltsamen Angriffe in Jos, Nigeria, im Jahr 2008 Waffen für die muslimischen Jugendlichen beschafft zu haben, mit denen diese dann christliche Jugendliche töteten.

Dem Pfarrer waren die Anschuldigungen gegen den Soldaten bekannt, der als diensthabender Unteroffizier bei einem gemeinsamen militärischen Kontrollpunkt bei Tudun Wada, Jos, stationiert war. In der Zeit des Höhepunktes der Gewalt fuhr der Pfarrer mit dem Auto durch dieses Gebiet und wurde von dem Soldaten angehalten und gefragt, ob er bis zur anderen Seite des Gebietes mitfahren dürfe. Das bedeutete eine Fahrt mitten durch die Menge der christlichen Jugendlichen, die den Soldaten beschuldigten. Der Soldat sprang also in das Auto des Pfarrers und duckte sich dort nieder. Das ließ schon vermuten, dass hier etwas nicht stimmte, denn er war in Uniform und bewaffnet. Der Pfarrer fuhr durch die Menge und entschied sich, den Soldaten nicht zu verraten, der sonst von der Menge gelyncht worden wäre. Er ließ ihn an der gewünschten Stelle aussteigen, ließ ihn aber nicht gehen, ohne etwas zu den Anschuldigungen zu sagen. Der Soldat war überrascht, dass der Pfarrer von den Anschuldigungen wusste. Er leugnete zwar alles, aber sein Gesicht sprach Bände. Der Soldat empfand große Hochachtung für den Pfarrer und blieb auch später in Kontakt mit ihm.

Was die Relationalität betrifft, so ist mir durchaus bewusst, dass Thomas Jay Oord und andere extensiv zu einer Theologie der Relationalität, unter Betonung der Beziehungen zwischen Gott und den Geschöpfen, gearbeitet haben. Ich möchte aber vor allem die Dimension der Relationalität zwischen den Geschöpfen, zwischen den Menschen, betonen, die von zentraler Bedeutung für den Schalom ist. Die Relationalität, für die ich hier plädiere, drängt jeden Menschen dazu, von Menschen errichtete Barrieren und unnötige Grenzen zu übersteigen und zu überschreiten, um den Anderen trotz deutlich wahrnehmbarer Unterschiede in Aussehen und Überzeugung zu umarmen.

Ich lasse mich dabei insbesondere durch die Worte Jesu in Matthäus 5,43–45 anregen: „Ihr habt gehört, dass gesagt ist: ‚Du sollst deinen Nächsten lieben' und deinen Feind hassen. Ich aber sage euch: Liebt eure Feinde und bittet für die, die euch verfolgen, auf dass ihr Kinder seid eures Vaters im Himmel … .“

Im gleichen Sinne heißt es in 1. Johannes 4,20–21:

„Wenn jemand behauptet: ‚Ich liebe Gott', und dabei seinen Bruder oder seine Schwester hasst, dann lügt er. Wenn er seine Glaubensgeschwister, die er sieht, nicht liebt, dann kann er Gott, den er nicht sieht, erst recht nicht lieben. Gott gab uns dieses Gebot: Wer ihn liebt, muss auch seinen Bruder und seine Schwester lieben.“

Beide Texte brachten mich dazu, ausschließlich an unsere Verpflichtungen unseren Mitmenschen gegenüber zu denken. Diese Verpflichtungen sind entscheidend für unser Verhältnis zum Höchsten, zu Gott. Ich schreibe als ein Christ, der dem multireligiösen Engagement verpflichtet ist. Das Zitat aus dem Matthäusevangelium bringt dies klar und grundsätzlich zum Ausdruck, wenn es heißt: „Liebt eure Feinde und bittet für die, die euch verfolgen." Niemand ist davon ausgeschlossen! Denke an deine Feinde und Verfolger, liebe sie und bete für sie! Die Taten der Liebe und des Gebetes für die eigenen Feinde und Verfolger geben der eigenen lebendigen Religiosität Wert und Echtheit.

Das Eintreten für eine Theologie der Akzeptanz und Relationalität ist eng verbunden mit der Idee der Etablierung einer Lebensweise, die die Anderen nicht wegen wahrnehmbarer Unterschiede verletzt, sondern deren Einzigartigkeit erkennt und respektiert. Eine Lebensweise in den Spuren Christi: die Umarmung des nach menschlichen Maßstäben Unumarmbaren.

Schlussbemerkung

Eine verwandelte und verwandelnde Nachfolge in einem Kontext des gefährdeten Schalom ist nicht einfach, aber möglich; eine verwandelte Jüngerschaft, die willens ist, an der Mission Gottes teilzuhaben. Eine verwandelte Jüngerschaft „bedeutet ein überlegtes und willentliches sich Einlassen auf Dinge, die zum Frieden und Wohlergehen der Menschen und der Natur beitragen. Sie stärkt die Bereitschaft, Christus nachzuahmen und ihn in einer gewissen Weise zu verkörpern, indem man das Gute tut und ungerechte Systeme und Strukturen bekämpft"[8].

Die Wirkungen der Arusha-Weltmissionskonferenz werden sich darin zeigen müssen, wie die Teilnehmenden den heutigen Herausforderungen begegnen, dem Rassismus, Populismus, der ökonomischen Ungerechtigkeit, der Klimakrise, der Ungleichheit zwischen den Geschlechtern, dem Imperialismus, der weißen Vorherrschaftsideologie. Diesen monströsen Kräften Widerstand zu leisten, selbst wenn sie zu unseren Gunsten zu wirken scheinen, verleiht unserer Nachfolge Authentizität.

Übersetzung aus dem Englischen: Dr. Wolfgang Neumann

---

[8] *Ezekiel/Keum,* From Achimota to Arusha, 160.

Mercy Oduyoyes Theologie der Gastfreundschaft im Kontext einer Körperpolitik der Eucharistie: Eine Theologie afrikanischer Frauen

Senzo Ndlovu[1]

Einleitung

Meine verstorbene Mutter Doris[2] war eine so große Geschichtenerzählerin, dass wir bei der Vielzahl all ihrer Geschichten manchmal einschliefen. Unsere Küche mit ihrem Schlaglöcherboden war nicht nur der Ort, wo Essen zubereitet wurde, sondern auch ein Ort, an dem Geschichten über Jesus Christus erzählt wurden und wie man in der eigenen Gemeinschaft und der anderer lebt. Sie erzählte eine Geschichte nach der anderen, während sie den Topf für den *pap*[3] am Kochen hielt, was einen großen Teil der Nacht dauerte. Durch ihre Geschichten hielt sie unsere Hoffnung wach, dass es etwas zu essen geben würde, bis wir einschliefen. Das tat sie, weil sie uns nicht sagen wollte, dass wir heute nichts zu essen hatten. Als ich elf Jahre alt war, war mein Vater schon weggegangen und ließ uns mit unserer Mutter zurück, die sich um unsere kleinen Körper und Seelen sorgte. Meine Mutter arbeitete auf Abruf als Hausangestellte bei verschiedenen weißen Familien in und um Durban, Südafrika. An einem „guten" Tag erfreuten wir uns an dem köstlichen Essen der Weißen, d. h. an dem, was von deren Essen übriggeblieben war. Wie im Falle vieler anderer auch, die von Hausangestellten großgezogen wurden, wurden unsere Körper von Essensresten ernährt.

---

[1] Senzo Ndlovu ist Student der Systematischen Theologie an der Universität von Südafrika. Er ist zudem Pfarrer der Methodistischen Kirche im südlichen Afrika.

[2] Sie erhielt diesen „christlichen Namen" bei ihrer Taufe. Ihr IsiXhosa-Name „Mdikho" wurde bei der Ausstellung des Personalausweises durch das Department of Home Affairs vollständig weggelassen.

[3] *Pap,* d. h. Maisbrei, ist das Hauptnahrungsmittel eines großen Teils der schwarzen Bevölkerung in Südafrika. Der Mais wird von vielen Familien im Hinterhof angebaut und trägt so zur Nahrungssicherheit bei.

Diese Arbeit entmenschlichte nicht nur meine Mutter, sondern sie zerstörte auch ihren Körper. Sie starb nach ihrem vierten Schlaganfall – ihr Körper hielt es nicht mehr aus. Mama stand immer unter Stress, aber für uns hielt sie immer ein wundervolles Lächeln bereit. Für mich und meine Geschwister war sie die Verkörperung von Liebe. Das ging so weit, dass sie „Diät hielt", und erst Jahre später wurde mir klar, dass sie ihr Essen einsparte, damit wir am nächsten Morgen ein Frühstück vor der Schule haben konnten. Doris war eine fromme Christin und glaubte an die Erlösung durch Jesus Christus, doch wir waren immer noch hungrig, trotz des versprochenen Brotes im Vaterunser. James Baldwin spricht für mich und meine Geschwister: „Wenn [Gottes] Liebe so groß war, und Er [sic] alle seine Kinder liebte, warum waren wir, die Schwarzen, so tief hinabgestoßen worden?"[4]

Der vorliegende Beitrag ist aus diesem Kontext entstanden – als ein Versuch einer theologischen Reflexion über Gastfreundschaft – und knüpft an meine Erfahrungen und die meiner Mutter an. Ausgehend von Mercy Amba Oduyoyes Theologie, insbesondere der der Gastfreundschaft, werde ich untersuchen, welche Schnittpunkte es in ihr mit der Begrifflichkeit des Körpers schwarzer afrikanischer Frauen und des Körpers Christi gibt. Es geht also hauptsächlich um die Frage: *Was kann Oduyoyes Theologie der Gastfreundschaft zu einer eucharistischen Körperpolitik beitragen?* Ich kann das Thema natürlich hier nicht erschöpfend behandeln, sondern nur versuchen, meine Stimme in den kreativen Dialog über Gastfreundschaft und das Leiden schwarzer afrikanischer Frauen am „Tisch des Herrn" einzubringen. Ich werde zunächst Mercy Oduyoye kurz vorstellen und dann ihre Theologie der Gastfreundschaft erörtern und mit einem Vorschlag schließen, wie die Eucharistie als ein befreiendes Mahl angesehen werden kann.

Mercy Amba Oduyoyes Theologie der Gastfreundschaft

Mercy Amba Oduyoye, deren Geburtsname Yamoah lautet, wurde in Accra, Ghana, am 21. Oktober 1934 geboren. Oduyoye arbeitete 20 Jahre lang als Lehrerin in Schulen in Ghana und Nigeria. In dieser Zeit entwickelte sich ihr Bewusstsein für Genderfragen, was schließlich zur Gründung des Circle of Concerned African Women Theologians im Jahr 1989 führte, als sie auch stellvertretende Generalsekretärin des Ökumenischen Rates der Kirchen (ÖRK) war. Sie war weiterhin Präsidentin der EATWOT

---

[4]   *James Baldwin:* The Fire Next Time, New York 1963, 34.

(Ecumenical Association of Third World Theologians – Ökumenische Vereinigung von Theolog*innen der Dritten Welt), ein Teil ihrer Pionierarbeit für die Würde der afrikanischen Frauen.[5] Oduyoye hat an Universitäten in Afrika und Großbritannien Erziehungswissenschaft und Theologie studiert und dort ihre akademischen Abschlüsse gemacht.

Sie ist Autorin, Koautorin und Herausgeberin verschiedener Werke der feministischen Theologie, insbesondere zu Themen wie Gender und Gesundheit. Von besonderer Relevanz für das Thema dieses Aufsatzes ist ihr Buch *Introducing African Women's Theology*.[6] Im siebten Kapitel dieses Buches geht es um die Theologie der Gastfreundschaft und Spiritualität, dies aber vor dem Hintergrund der historischen Tatsache, dass „die merkantilen und kolonialen Begegnungen mit Arabern, Europäern und Menschen europäischer Herkunft in Afrika zu einer weiter bestehenden ökonomischen Benachteiligung geführt haben, die von einer Geschichte der Versklavung und der wirtschaftlichen Ausbeutung herrührt. Armut, Rassismus und Militarismus wurzeln in dieser Geschichte."[7] Im nächsten Abschnitt werde ich darauf zurückkommen, wenn ich Oduyoyes Theologie der Gastfreundschaft nachzeichne.

a. Was ist Gastfreundschaft?

Die oben erwähnten geschichtlichen Faktoren machen Afrika zu einem Kontinent im Belagerungszustand, ein Kontext, der für Gastfreundschaft nicht günstig ist. Rose Zoe-Obianga stellt die herausfordernde Frage: „Was ist Gastfreundschaft angesichts der Schrecknisse Afrikas?"[8] Ich behaupte, dass unsere afrikanische Weltsicht etwas ist, das in fremde Schiffe geladen und uns in Form von Religion, Kultur, Politik und Ökonomie gebracht wurde, eine Realität, die die Antwort auf die obige Frage noch schwieriger macht. Wir wissen, dass diese Schrecknisse mit Klasse, Rasse und Gender zu tun haben, aber noch viel umfassender sind, dass wir es nicht mit einem natürlichen Sachverhalt, sondern mit einem gesellschaftlichen Konstrukt zu tun haben, das dazu dient, einige drinnen zu positionieren und andere auszustoßen. In ihrem Buch *Just Hospitality: God's Welcome in a World of Difference* greift Letty M. Russell auf ihre eigenen Lebenserfahrungen des „Andersseins" zurück.[9] Sie ist eine weiße Frau, trägt aber das Etikett

---

[5] Vgl. *Christina Landman:* Mercy Amba Oduyoye: Mother of Our Stories, Pretoria 2007, 4.

[6] *Mercy Amba Oduyoye:* Introducing African Women's Theology, Sheffield 2001.

[7] Ebd., 9.

[8] *Rose Zoe-Obiango;* in: Oduyoye, Introducing, 93.

[9] *Letty M. Russell:* Just Hospitality: God's Welcome in a World of Difference, Kentucky 2009.

des Lesbisch-Seins, was sie von vornherein anders macht als diejenigen, die heterosexuelle Männlichkeit für die Kategorie des Normalen halten. Russell entlehnt von *bell hooks*[10] die Begrifflichkeit von Zentrum und Rändern.

Sie sieht Gastfreundschaft als eine Bewegung zwischen diesen beiden Polen, abhängig davon, wo sie ihre eigene Erlösung erlangen kann. Wenn Erlösung im Zentrum verortet wird, ist sie bestrebt, dort zu sein. Da ihrem Verständnis nach Erlösung aber gemeinschaftlich sein muss, ist sie auch willens solidarisch zu sein, indem sie vom Zentrum zu den Rändern geht, im Sinne einer sich ausweitenden Gastfreundlichkeit. Sie argumentiert, dass diese Bereiche – sei es Zentrum oder Ränder – von der dominanten Gruppe zu deren eigenem Vorteil definiert worden sind. Die Schrecknisse oder Ränder haben unscharfe Konturen, weil die Welt in der Illusion lebt, sich in einem „Post"-Zeitalter zu befinden. Gustavo Gutierrez sagt prägnant: „Unsere Situation … ist die, dass wir 'post' allem sind, dass wir es lieben 'post' zu sein, aber wir leben nicht in einer post-rassistischen, post-sexistischen, post-klassendefinierten, post-imperialistischen Welt. Diesem Dilemma stehen wir alle gegenüber, was die Zukunft angeht."[11] Die Schrecknisse Afrikas werden hinter dieser Fassade verborgen, als hätten wir sie hinter uns, als wären sie „post".

Ich sehe, dass viele Menschen sich in einer Randposition befinden, mein besonderes Interesse gilt jedoch den schwarzen afrikanischen Frauen, die darauf reduziert worden sind, in dienender Gastfreundschaft Tee und Gebäck nach dem Gottesdienst anzubieten.

Russell gibt eine hilfreiche Definition, die neue Perspektiven eröffnet: „Ich verstehe Gastfreundschaft als die Praxis von Gottes Willkommenheißen in unseren Handlungen, indem wir Unterschiede überbrücken, um als Teilhabende Gerechtigkeit und Heilung mit Gott in unsere krisenhafte Welt zu bringen."[12] Gastfreundschaft wird daher, wie andere gesellschaftlichen Konstrukte in diesem post-allem Zeitalter, in einem politischen Raum ausgeübt, der sie den Kategorien Gender und Rasse unterwirft. Durch sie wird bestimmt, wer angenommen wird und zu welchen Bedingungen. In dieser Form wird Gastfreundschaft zu einer Pseudo-Spiritualität und -Be-

---

[10]   *bell hooks* ist eine afroamerikanische Literaturwissenschaftlerin und Verfechterin feministischer und antirassistischer Ansätze. Ihr Pseudonym ist der Name ihrer indigenen Großmutter, den sie in Kleinschreibung nutzt.

[11]   *Gustavo Gutierrez;* in: *Russell,* Just Hospitality, 23.

[12]   *Russell,* Just Hospitality, 1.

[13]   *Oduyoye,* Introducing, 93.

freiung. Oduyoyes vier Grundsätze der Gastfreundschaft,[13] nämlich 1. Willkommenheißen/Begrüßen – Empfang; 2. Wohltätigkeit/Almosengeben; 3. Unterkunft geben/Gasthof, Hospital; und 4. Schutz/Zuflucht, Integration, bilden ein systematisches Rahmengerüst für dieses Engagement. Angesichts des begrenzten Umfangs dieses Aufsatzes werde ich nur die ersten beiden dieser Konzepte behandeln und versuchen aufzuzeigen, welche Schnittpunkte es zwischen Oduyoyes Theologie der Gastfreundschaft und einer eucharistischen Körperpolitik gibt.

b. Willkommen heißen/Begrüßen – Empfang

Oduyoyes Theologie der Gastfreundschaft kann nicht ohne ihre Christologie verstanden werden – wobei sie ihren Lesern und Leserinnen mitteilt, dass dieses Wort nicht zum Vokabular christlicher afrikanischer Frauen gehört. „Aber sie reden von Jesus, glauben an Jesus, haben eine enge Beziehung zu Jesus, dem Sohn Marias, und bezeugen, was Jesus für sie getan hat."[14] Während ihre gelebten Erfahrungen für afrikanische Frauen eine wichtige Quelle ihrer Theologie sind, sehen sie doch in der Bibel die erste Quelle. Sie wissen, dass „die Bibel wichtig für die christliche Theologie ist ... ohne dieses grundlegende Zeugnis wäre das Christentum sinnlos".[15] In diesem biblischen Kontext findet Oduyoye in ihrer Theologie der Gastfreundschaft Reziprozität. Durch Reziprozität leben afrikanische Frauen nach dem Gebot Jesu: „Wer euch aufnimmt, der nimmt mich auf; und wer mich aufnimmt, der nimmt den auf, der mich gesandt hat" (Mt 40,40). Afrikanische Frauen sehen es als ihre christliche Pflicht an, dieses Gebot hochzuhalten, trotz der sich wandelnden Umstände der gegenwärtigen Kultur (Globalisierung).

Mit dieser Selbstverpflichtung bemühen sich afrikanische Frauen, das Gut der Gastfreundschat zu erhalten. Die biblischen Erzählungen über die Gastfreundschaft haben ihre Parallelen in Afrika, und Frauen sind hier an erster Stelle zu nennen. Die Theologie afrikanischer Frauen tritt für inklusive Räume sowohl für Frauen als auch Männer ein. Obwohl Gastfreundschaft in besonderer Weise mit Frauen verbunden ist, angesichts der Tatsache, dass Maria Gott in ihrem Mutterleib trug – und mit dem Ehrentitel *theotokos* belehnt wurde – ist dies nicht so zu verstehen, dass damit erwartet wird, dass die Frauen die ganze Verantwortung der Gastfreund-

---

[14]   Ebd., 51.
[15]   *James H. Cone:* Theology, the Bible, and the Poor; in: *Paul Plenge Parker* (ed.): Standing with the Poor: Theological Reflections on Economic Reality, Ohio 1992, 82–94.

schaft tragen. Vielmehr verweisen diese auf „die Solidarität Josephs mit Maria, seine Sensibilität für das Wirken Gottes durch eine Frau und seine Bereitschaft, sich gegen die Normen der Kultur zu stellen ...".[16] Bedauerlich, dass dies nicht die Art von Solidarität und Partnerschaft ist, die von dem weißen Jesus der Missionare vertreten wurde. Dieser Jesus war nicht gastlich gegenüber den Körpern der afrikanischen Frauen.

Bette Ekeya klagt, der Jesus der Missionare sei „eine ziemlich abschreckende Gestalt ... und ein peinlich genauer Richter".[17] Predigten vermittelten ihr „einen Christus, der Frauen von einer innigen Teilhabe an den göttlichen Mysterien ausschloss, der von ihnen Unterwerfung und Unterwürfigkeit zu fordern schien, sodass sie für immer unschuldig und eingefroren in religiöser Adoleszenz stehen blieben". Der Christus der Verdammnis wurde auf den Thron Christi des Befreiers gesetzt. James Cone tritt für eine Rede von Gott ein, die in Gottes Befreiung der Armen den Ausgangspunkt einer christlichen Theologie sieht. Aus diesem Verständnis heraus schreibt er: „Gott wurde ein armer Jude in Jesus und identifizierte sich damit mit den machtlosen Menschen in Israel. Das Kreuz Jesu ist nichts anderes als Gottes Wille, mit den Armen und wie sie zu sein."[18] Das ist eine Aussage, die dem weißen Jesus widerspricht, der sich nur mit weißen Leuten zum Essen niedersetzt, während Millionen schwarzer Menschen wegen Hunger und Unterernährung sterben.

Die von den Missionaren korrumpierte afrikanische Gastfreundschaft präsentiert einen sexistischen und rassischen Jesus und liebt als solche weiße Körper und verachtet schwarze Körper. Und dies schafft die von Gender und Rasse bestimmten Räume, in denen Gastfreundschaft praktiziert wird. In ihrer Analyse der Armut im schwarzen Amerika vertritt Jacquelyn Grant eine Auffassung, die auch für das von bewaffneten Siedlern überfallene schwarze Afrika gelten kann: „In der Lebenserfahrung schwarzer Amerikaner war die spezifische Verbindung von Rassismus und Armut nicht zufällig. Sie war organisiert und erzwungen."[19] In meiner Sicht hat Armut sowohl ein Geschlecht wie auch eine Rasse. Sie ist schwarzafrikanisch und weiblich. Gastfreundschaft ist vom Westen zersetzt worden und dessen selbstbezogene ökonomischen Interessen markierten die Körper schwarzer afrikanischer Frauen als Objekte, die an den Altären der Gastfreundschaft gebrochen werden mussten, um den Weißen zu die-

---

16   *Odouye,* Introducing, 58.
17   *Bette Ekeya;* in: Odouye, Introducing, 56.
18   *Cone,* Theology, the Bible, and the Poor; in: *Parker* (ed.), Standing with the Poor, 84.
19   *Jacqueline Grant:* Economic Analyses of Poverty and Welfare; in: *Parker* (ed.), Standing with the Poor, 52.

nen. Ich weiß dies aufgrund der Erfahrungen meiner Mutter, deren Körper
von diesem weißen monopolistischen Kapital bis ins Innerste zerbrochen
wurde. M. Shawn Copeland hat in ihrem Buch *Enfleshing Freedom:
Body, Race, and Being* diese Form der Sklaverei sichtbar gemacht.[20] Der
Körper ist von zentraler Bedeutung für die Hermeneutik der Gastfreundschaft. Er bestimmt, wer sichtbar oder unsichtbar sein wird.

In Oduyoyes Theologie wird im Blick auf gastfreundliches Handeln
kein Unterschied zwischen schwarzen und weißen Körpern gemacht, aber
die Aussagen und die geschichtliche Perspektive Copelands werfen ein
deutliches Licht auf diesen entscheidenden Faktor und helfen uns, die
Sachverhalte besser zu verstehen. Lewis Gordon kommentiert: „Der Körper ist unsere Perspektive in der Welt. Diese Perspektive hat mindestens
drei Dimensionen – die Dimension des Sehens, die Dimension des Gese-
henwerdens, und die Dimension, sich bewusst zu sein, von anderen gesehen zu werden."[21] In ihrem Werk *The Disabled God: Toward a Liberatory Theology of Disability* fordert Nancy L. Eiesland: „Eine besondere
Aufmerksamkeit für den physischen Körper ist notwendig, um zu verhindern, dass er gesellschaftlich ausgelöscht oder Vorstellungen einer körperli-
chen Normalität unterworfen wird."[22] Diese Vorstellungen sind wie Bril-
len, die die Gesellschaft benutzt, um den Körper zu „sehen" und damit den
Menschen in ihm oder eben „nicht zu sehen". Südafrika und Amerika haben gelitten (und leiden immer noch) unter diesem „weißen, von rassischen Vorurteilen bestimmten Blick", und dies manifestierte sich darin,
dass die „schwarze Präsenz absent und die weiße Präsenz präsent ist".[23]
Das ist der Kontext für die Etablierung der systematischen ökonomischen,
religiösen und politischen Ausgrenzung. Während der Zeit der Sklaverei in
Amerika wurden die Körper der schwarzen Frauen als Objekte der Produktion angesehen. Mit der Abschaffung des Sklavenhandels wurden die Körper schwarzer Frauen zu Mitteln der Reproduktion von mehr Sklaven, da
sie nicht mehr aus Afrika hergeschafft werden konnten. Diese rassisch bestimmten Körper wurden nicht als solche gesehen, sondern nur ihr Potential als Babyfabriken.[24]

Russells Gastfreundschaft der Indifferenz kommt zu einem ähnlichen
Schluss: „In anderen Kontexten wird die Vorstellung von Gastfreundschaft

---

[20]   *M. Shawn Copeland:* Enfleshing Freedom: Body, Race, and Being, Minneapolis 2010.
[21]   *Lewis Gordon;* in: *Copeland,* Enfleshing Freedom, 16.
[22]   *Nancy L. Eiesland:* The Disabled God: Toward a Liberatory Theology of Disability,
       Nashville 1994, 23.
[23]   *Copeland,* Enfleshing Freedom, 16.
[24]   Ebd., 32–33.

auf sexuelle Dienste reduziert, die von *Damen der Nacht* angeboten werden.“[25] Oduyoyes Theologie der Gastfreundschaft stellt diese Verhältnisse in ihrer Diskussion, wie die Körper afrikanischer Frauen von ihren männlichen Gegenkörpern in Besitz genommen werden, noch krasser dar. Herbert Moyo hält voll Bitterkeit fest: „Andere Berichte sagen, dass manchmal, um die Wut von Eroberern, mächtigen Männern und Gottheiten zu besänftigen, Frauen dargeboten wurden. Sie bieten sich nicht selbst an, und sie werden auch nicht gefragt. Sie haben keine Wahl. Häuptlinge bieten männlichen Besuchern ehrenhafte Frauen an, die ihnen während ihres Besuches Gesellschaft leisten oder dann gar als Frauen mitgenommen werden.“[26] Das ist eine Wiederholung von Richter 19, dieses grauenhaften Akts des Missbrauchs von Gastfreundschaft. Die Geschichte einer Nebenfrau, die von den Männern der Stadt die ganze Nacht vergewaltigt wird. Ihr Körper zerteilt in zwölf Teile.

Die indische Theologin Astrid Lobo Gajiwala verweist, angesichts dessen, wie die Körper der Frauen zerbrochen werden, auf eine Quelle der Erneuerung mit einer Metapher, die nicht mit herrschaftlicher Gewalt, sondern mit Liebe assoziiert ist: „Wenn das Menschliche versagt, dann kommt die ewige Mutter, um ihr körperliches Bild zu verteidigen, wenn ihr unschuldiges Blut auf den Altären von Macht, Gier und Lust vergossen wird.“[27] Das betrifft nicht nur die indische Realität, sondern viele Länder, wo dunkelhäutige Menschen leben, deren Gastfreundschaft missbraucht wurde und die jetzt das Kreuz tragen. Nichtsdestotrotz treten weiterhin afrikanische Theologinnen wie Nasimiyu für eine gerechte Gastfreundlichkeit in der Perspektive der täglichen Erfahrungen von Frauen ein.[28] Sie weigern sich, über eine Christologie von Frauen unter Verwendung altbekannter Modelle zu theoretisieren, sie weisen zurück, was nicht die Stimme der afrikanischen Frauen ist.

Gegenüber dieser Überzeugung schreibt Nasimiyu im Zuge ihrer anthropologischen Überlegungen: „Gott ruft uns [afrikanische Frauen] in Christus zu einer Lebensweise auf, die der Liebe zum Nächsten gewidmet ist, einem Leben, das die anderen an die erste Stelle setzt und ihnen Leben gibt.“[29] Sie beschreibt Jesus als die Mutter, die das Leben fördert, insbesondere das der Armen. Meines Erachtens ist der Jesus der Eucharistie das

---

[25] *Russell,* Just Hospitality, 19.
[26] *Herbert Moyo;* in: *Oduyoye,* Introducing, 102.
[27] *Astrid Lobo Gajiwala:* The Passion of the Womb: Women Re-living the Eucharist; in: *Elizabeth A. Johnson* (ed.): The Strength of Her Witness: Jesus Christ in the Global Voices of Women, New York 2016, 323–334, 324.
[28] *Nasimiyu;* in: *Oduyoye,* Introducing, 61.
[29] Ebd., 61.

beste Vorbild für Gastfreundlichkeit. Jesus nimmt die Gestalt einer Mutter an, die als Machtlose wahrgenommen wird. Jesus verwandelt Machtdynamiken, um uns auf eine *gerechte* Gastfreundschaft zu verweisen. Macht wird benutzt, um zu erheben, nicht um zu verurteilen und zu zerstören. Unterdrückte Frauen in der ganzen Welt beziehen ihre täglichen Erfahrungen auf die Mutter Jesu. Meine eigene Mutter fühlte sich dieser Christologie verbunden, die die Tiefe und die Kosten des Opfers im Namen der Gastfreundschaft versteht.

Gajiwala charakterisiert auf poetische Weise die Gastfreundlichkeit von Müttern insoweit sie der Mutter Jesu ähnlich ist. Sie schreibt:

> „Ich erhasche einen Blick von Ihr in den Frauen, die dem eucharistischen Mahl des Lebens vorsitzen, das Brot ihres Lebens brechen, um die Hungrigen der Welt zu speisen. In bedingungsloser Liebe säen diese demütigen Brotmacherinnen das Korn, bringen die Ernte ein in Hoffnung und Glauben. In der Herstellung des einen Brotes des Lebens lassen sie sich zermahlen wie das Weizenkorn, dessen Identität sich in der Verwandlung verliert. In den Teig kneten sie die Hefe der zärtlichen Liebkosungen, der ständigen Verfügbarkeit, der zuhörenden Ohren, der helfenden Hände und eines Sinnes für das Absolute in und jenseits von Allem. Während ihre Hände den Teig bearbeiten, fällt das Salz ihrer Tränen hinein – des Hungers, der Entbehrungen, Enttäuschungen und sexuellen Demütigungen. Mit dem Feuer ihrer liebenden, gottesfürchtigen Leben als Mütter, Lehrende und Gemeinschaft Erhaltende backen sie einfaches Brot, bereiten eine Nahrung, die selbst den Armen zugänglich ist, und stillen sowohl den körperlichen wie den geistlichen Hunger."[30]

Dieses mütterliche Opfer um bester Gastfreundschaft willen, darf jedoch nicht so verstanden werden, als ob die Frauen theologisch ihre eigene Aufopferung rechtfertigen würden. Es handelt sich hier um eine persönliche Reflexion über den Modellcharakter der Gastfreundlichkeit Jesu und wie sich Frauen selbst als inkarnierte Wesen ansehen. Zudem gilt die Anmerkung: „Frauen, die Jesu Beispiel nachfolgen, muss immer bewusst sein, dass dies ein gemeinschaftliches Unterfangen ist."[31]

Dies führt unsere Überlegungen zu dem Tisch, wo die ewige Mutter diesen Körpern vorsitzt. Siwila spricht in Bezug darauf von einer Stätte des Sakraments.[32] Die Eucharistie wird wesentlich sowohl als heiliges Mahl als

---

[30] *Gajiwala,* The Passion of the Womb, 325.
[31] *Oduyoye,* Introducing, 106.
[32] *Lilian Cheelo Siwila:* "Do this in Remembrance of Me": An African Feminist Contestation of the Embodied Sacred Liturgical Space in the Celebration of Eucharist; in: *Cláudio Carvalhaes* (ed.): Liturgy in Postcolonial Perspective: Only One is Holy, New York 2015, 83–94, hier: 87.

auch als Opfermahl verstanden und interpretiert. Der Tisch, an dem alle am Abendmahl Teilnehmenden zu der Gemeinschaft mit dem Einen zusammenkommen, der sowohl Priester als auch Opfer ist. Die feministische Theologie setzt sich ein für einen alle einbeziehenden Tisch, wo die Gläubigen sowohl die Rolle des Priesters als auch des Opfers einnehmen. Dies steht im Gegensatz zu der oft praktizierten Theologie der priesterlichen Tradition, die sich auf die Hierarchie stützt, um einzubeziehen und auszugrenzen.

Als junger Prediger habe ich beobachtet, dass die Vorbereitung und der Aufbau des Heiligen Abendmahltisches eine Aufgabe für Frauen ist. Sobald der Tisch fertig ist, werden die Frauen zur Seite geschoben, ihre Körper werden versteckt und unsichtbar gemacht, wenn diejenigen der Männer präsent und sichtbar werden, um die „heiligen Dinge Gottes" zu verwalten. Siwila plädiert für eine gerechte Gastfreundlichkeit, wo alle Körper genährt werden. Alle am Tisch übernehmen sowohl die Rolle des Priesters als auch die des Opfers. Auch die Körper afrikanischer Frauen brauchen Nahrung. Diese Mütter wollen den Körper Jesu halten und den Kelch mit Blut erheben, wenn sie an ihre Geschlechtsgenossinnen denken, deren Blut am Altar ihrer Ehemänner aufgrund von Kinderlosigkeit vergossen worden ist. Für Ched Myers und Matthew Colwell besteht Gastfreundschaft aus „grundlegenden Komponenten ihrer [d. h. globalen Kulturen] traditionellen Kosmologie der Gnade. So wie die Nahrung aus der Natur eine Gabe ist, die geteilt und verteilt werden muss …".[33] In der afrikanischen Wirklichkeit aber gibt es diese Reziprozität nicht, und deshalb ist die Aufforderung zur Gastfreundschaft ein Ruf nach Gerechtigkeit. Aus diesem Grund stellt Oduyoye mit Nachdruck fest: „Über Gastfreundschaft theologisch nachzudenken wird zu einer prophetischen Pflicht."[34]

Im nächsten Abschnitt folgen nun Überlegungen zur systembedingten Armut und ein Aufruf zu einer *gerechten* Gastfreundschaft.

c. Wohltätigkeit/Almosengeben

In diesem Abschnitt geht es um den zweiten Grundsatz von Oduyoyes Theologie der Gastfreundschaft, der Wohltätigkeit und Almosengeben einfordert. Gertrude Tundu Kialu meint sehr treffend: „Frauen sind Gott so

[33] *Ched Myers & Matthew Colwell:* Our God is Undocumented: Biblical Faith and Immigrant Justice, New York 2012, hier: 55.
[34] *Oduyoye,* Introducing, 103.
[35] *Gertrude Tundu Kialu;* in: *Oduyoye,* Introducing, 91.

nahe."[35] Sie sagt, so wie Gott es auf alle Menschen ohne Unterschiede regnen lässt, so sei die Gastfreundschaft der Frauen überreich, frei und allumfassend. Ebenye Mbombo geht in dieselbe Richtung und behauptet: „Was Frauen wollen, ist, was Gott will."[36] Diese Aussage wendet sich gegen die Unwilligkeit des anderen Geschlechts, ebenso zu handeln. Und es sind ja die Körper der Frauen, die der Gewalt und der Einschüchterung ausgesetzt sind, wie es sich häufig in häuslicher Gewalt zeigt. Nach Oduyoye ist Gastfreundschaft für Afrikaner ein Ort, wo sie Kompromisse eingehen und beherbergen, trotz der Aushöhlung ihrer Würde. Darum bringt Gastfreundschaft sowohl Risiken wie Chancen mit sich. Die Absichten des empfangenen Gastes sind nicht immer unbekannt. Und das sind nicht nur theoretische Angelegenheiten, sondern gelebte Erfahrungen afrikanischer Frauen.

Ich sehe Spuren davon bei Jesus und Judas. Letzterer wurde zu Tisch geladen und ihm wurde Gastfreundschaft gewährt, aber seine Absichten waren nicht edel. Afrika kann dasselbe sagen mit Blick auf die Missionare, die kamen und denen das Beste afrikanischer Gastfreundschaft gewährt wurde, die es aber nicht mit Gleichem vergalten. Oduyoye sagt sehr treffend: „Aber Gastfreundschaft, wie in der afrikanischen Tradition, hofft nur auf Reziprozität, wenn sich die Notwendigkeit ergibt." Das Gewähren und Empfangen von Gastfreundschaft ist ein Zeichen dafür, wie wichtig für Afrika der Erhalt der Lebenskräfte um jeden Preis ist, sowohl für das Individuum als auch für die Gemeinschaft. Leben ist unser wertvollstes Gut, darum gehört das Streben nach Erhaltung und Verlängerung des Lebens zur afrikanischen Lebensart. Das Paradox besteht darin, dass es uns verwundbar macht.[37] Bei der afrikanischen Gastfreundschaft ist es üblich, dass ein Gast beim Abschied keine Rechnung für seinen Aufenthalt erhält, sondern man erwartet, dass er ein Geschenk als Segenszeichen hinterlässt. Die Missionare, die an unseren Küsten landeten, gaben, abgesehen davon, dass sie nie wieder weggingen, keinerlei Segensgeschenke, sondern nur einen Fluch! Südafrika verlor sein Land, und die Armut wurde ein dauerhafter Bewohner. Das führte dazu, dass Frauen wie meine Mutter „Wasser kochen" mussten, bis ihre Kinder einschliefen.

Willie James Jennings, der von seinem Kontext als ein schwarzer Amerikaner Theologie betreibt, empfindet es ähnlich, wie wir in Afrika.[38] Er beschreibt, wie das Christentum jeden und alles quälte, wo immer es hinkam. Soziale christliche Imagination gegen westliche kranke soziale Imagi-

---

[36] *Ebenye Mbombo;* in: *Oduyoye,* Introducing, 91.
[37] Ebd., 93.
[38] *Willie James Jennings:* The Christian Imagination: Theology and the Origins of Race, London 2010, 7–8.

nation. In diesem Zusammenhang registriert Jennings einen fundamentalen Widerstand von akademischen Theologen, über ihre eigene Identität theologisch zu reflektieren. Das Christentum verkehrte den Sinn für Gastfreundschaft in sein Gegenteil und machte sich selbst zum Gastgeber in den Räumen, die es betrat. Es erwartete darüber hinaus, dass die Menschen sich seiner kulturellen Logik anpassten, seinem Umgang mit der Welt und seinen Begrifflichkeiten. Das Problem war unsere Haltung: „Die Afrikaner hießen die Europäer willkommen und übernahmen europäische Werte, aber das Element der Reziprozität fehlte."[39] Man hätte, was unsere Gastfreundschaft gegenüber den Missionaren betrifft, besser auf die kluge Bemerkung Julius Nyereres aus Tansania hören sollen: „Behandele deine Gäste zwei Tage lang als Gäste, und am dritten Tag drücke ihnen Arbeitshacken in die Hände."[40]

Das hätten meiner Ansicht nach die Parameter sein sollen: dass Missionare unser Land bearbeiten, anstatt uns zu Sklaven zu machen, die ihr eigenes Land zu deren Nutzen bearbeiten. Die Gastfreundschaft in Afrika führte zu einem Rollentausch, führte dazu, dass wir gezwungen wurden zu arbeiten, um mit den Überresten vom Tisch der Weißen bezahlt zu werden! Im Namen der Mission haben viele weiße Kirchen und bedauerlicherweise auch schwarze Kirchen diese kranke Auffassung einer „Suppenküchen"-Gastfreundschaft übernommen. Ich erinnere mich aus meiner Kindheit, wie weiße Missionare mit einem Lastwagen voller Essen und alter Kleidung ankamen, um sie in den Townships für die armen schwarzen Menschen abzuladen. Wir lebten/leben in den *matchboxhouses,* weil sie zwei Gesetze verabschiedet haben, nämlich den Land Act von 1913 und den Group Areas Act von 1950. Das vertrieb uns auf ein Land, wo keine Nahrung produziert werden konnte und das weit entfernt von den Industrien war, die die traditionelle Wirtschaft ersetzt hatten. Aufgrund dieser neuen Lage wurden wir zu Objekten der Wohlfahrt, die von Almosen abhängig waren. Das neue Leben führte zu politischer Gewalt, schwarze Männer wurden getötet, und die Frauen blieben zurück, um alleine ihre Kinder großzuziehen und für den Unterhalt zu sorgen.

Die Großfamilien wurden immer noch größer, als Familien flüchteten, um sich bei ihren anderen Verwandten in Sicherheit zu bringen. Der Druck auf die Haushalte stieg. Aber trotz allem hörten unsere Mütter nie auf, gastfreundlich zu sein, denn „das Bild von Hagar und ihrem Baby Ismael steht afrikanischen Frauen immer wieder vor Augen und bewegt sie

---

[39] *Oduyoye,* Introducing, 94.
[40] Ebd., 95.

dazu, das Gesicht Gottes zu sein, auch wenn sie selbst arm sind ... man hat die Frauen als die Retter Afrikas bezeichnet, deren selbstaufopfernde Gastfreundlichkeit vollkommen ist. Man kann also sagen, dass die Gastfreundschaft in Afrika eine Realität ist, dass sie religiöse Wurzeln hat und eine moralische Pflicht ist".[41] Auch Siwila sieht in dieser inkarnatorischen Gastfreundschaft eine afrikanische Weltanschauung. Sie bezieht sich auf die sambische Kultur der Nachlese als einer Ausweitung der Gastfreundschaft auf Fremde und Pilger. Der „Andere" wird eingeladen zu kommen und zu essen. Alle sind eingeladen zumindest aufzusammeln, was von der letzten Ernte absichtlich übriggelassen wurde. In Siwilas Theologie der Gastfreundschaft wird nicht dazu eingeladen, einfach nur die Überreste zu essen, sondern zu kommen und mit am Tisch zu feiern. „Andere, das sind Frauen und ihre menstruierenden Körper, Menschen mit Behinderungen, polygame Christen oder Menschen mit unterschiedlicher sexueller Orientierung: Alle brauchen einen sicheren Platz am Tisch des Herrn.[42]

Das ist etwas anderes, als die Wohltätigkeit und das Almosengeben der von Missionaren gegründeten Kirchen, wo nicht die Absicht besteht, dem Gelähmten zu helfen, damit dieser sein Bett nimmt und heimgeht. Oduyoye warnt vor einer Gastfreundschaft, die wohltätig ist, aber den Kreislauf der Armut nicht durchbricht. „Gastfreundschaft verlangt, dass wir nicht nur Lebensfähigkeiten, sondern auch ökonomische Fähigkeiten vermitteln, um Abhängigkeit und Parasitentum zu verhindern."[43] Die Websites missionarischer und westlicher Kirchen sind voller Bilder von schwarzen Kindern mit aufgeblähten Bäuchen, die von Fliegen umschwirrt werden. Das nennen sie Mission, aber es durchbricht nicht den Kreislauf der Armut.

Das ist wie damals, als Südafrika 2010 Gastgeber der Fußballweltmeisterschaft war und konzertierte Anstrengungen unternommen wurden, die Straßenkinder wegzubekommen, damit die Welt nicht unsere „hässliche Seite" sieht.

Wir bereiteten uns darauf vor, die Welt zu bewirten, aber nicht unsere eigenen hungrigen schwarzen Körper. Die Polizei jagte diejenigen weg, die man nicht auf der Straße haben wollte. Für Oduyoye ist Gastfreundschaft keine abstrakte theologische Idee, sondern eine Sache der Gerechtigkeit: „Traditionsgemäß sind alle Gäste heilig. Aber jetzt sind es die reichen Gäs-

---

41 *Oduyoye,* Introducing, 92–93.
42 Vgl. *Siwila,* „Do this in Remembrance of Me"; in: *Carvalhaes* (ed.), Liturgy in Postcolonial Perspective, 86.
43 *Oduyoye,* Introducing, 95.
44 Traditionell beinhaltete *teranga* eine Kalabasse mit kaltem Wasser und ein Dach über dem Kopf.

te, die heilig sind und *teranga*[44] bekommen, die Touristen und die weißen Menschen." Auch Cones Ethik ist hier zu erwähnen: „Das Beste, wonach Menschen streben können, ist Gerechtigkeit, sie ist angenäherte Liebe, ein Machtgleichgewicht zwischen konkurrierenden Gruppen."[45]

In diesem Zusammenhang und mit Bezug auf den Ruf nach Gerechtigkeit, sind auch die Erwägungen von Jean-Marc Ela, eines kamerunischen Theologen und Geistlichen der katholischen Kirche, erwähnenswert. Ela sieht in der Eucharistie die Krone und die Summe aller kirchlichen Sakramente. Er stellt den Begriff der Erinnerung in den Mittelpunkt, als einen Aufruf zum gerechten Handeln. Für ihn ist dies nicht eine Art Exhumierung der Vergangenheit, sondern die Vergegenwärtigung einer Handlung.[46] Die Frage ist, wer erinnert wird! Jesus Christus von Nazareth, der das tägliche Brot versprach, aber Afrika wartet immer noch auf seinen täglichen Laib Brot. Stattdessen leben wir bis heute in Armut.

In seinem grundlegenden Werk *A Theology of Liberation* gibt Gutierrez Einblicke in die Natur der Armut. „In der Bibel ist Armut ein skandalöser Zustand, der die menschliche Würde beeinträchtigt und daher dem Willen Gottes widerspricht ... Der arme Mensch ist deshalb *ebyon*, derjenige, der begehrt, der Bettler, derjenige, dem etwas fehlt und es von anderen erwartet."[47] Armut wurde von den westlichen Gesellschaften organisiert, wenn ich so sagen darf, um ein abhängiges Afrika zu schaffen. Damit können sie die Preise der Güter und Dienstleistungen festlegen, die sie von diesem Kontinent beziehen. Gott hat uns als ihren Kindern genug Brot gegeben, aber einige haben mehr davon genommen, als sie brauchen. Susan Durber definiert Armut als „einen Mangel an Macht, z. B. mitreden zu können und gehört zu werden, oder seine Rechte zu kennen und sie einzufordern; die Macht des Zugangs zu wesentlichen Dienstleistungen oder einer fairen Verteilung der Ressourcen der Welt, oder in der Sicherheit zu leben, nicht nur zu überleben, sondern voranzukommen".[48] Afrika wurde entmachtet und Empfänger von Almosen, die mit Hilfe „schuldbewusster Appelle"[49] der internationalen Gemeinschaft eingesammelt werden. Diese systematische Armut ist nicht nur das Werk der Politik, sondern auch der durch Missionare gegründeten Kirchen.

David Mayson schreibt über Kirchenland, Rechte der Einwohner und

---

[45] *James H. Cones:* God of the Oppressed, Maryknoll 2015, 33.

[46] *Jean-Marc Ela:* My African Cry, Eugene 1986, 1.

[47] *Gustavo Guiterrez:* A Theology of Liberation: History, Politics and Salvation, New York 1973, 291.

[48] *Susan Durber:* Poverty: The Inclusive Church Resource, Norwich 2014, 54.

[49] *Grant,* Economic Analyses; in: *Parker* (ed.), Standing with the Poor, 48.

Entwicklung in Südafrika und stellt fest, dass das Problem der Landlosigkeit in (Süd-)Afrika auch die Kirchen betrifft. Es ist bekannt, dass die Missionare wie andere Siedler auch unzulässiger- und ungerechterweise Land erhielten, daher der Aufruf: „Nehmt den Kirchen das Land weg, sie haben es soundso gestohlen! Sie müssen das Land hergeben und den Landlosen übereignen!"[50] Die Kirche hat ihr „Abhängigkeitssüppchen" gekocht, ohne die Absicht zu äußern, das Land den Menschen zurückzugeben. Statt gerechte Gastfreundschaft zu üben, um zu helfen, die Armut einzudämmen, will man uns überzeugen, dass das nächste Leben ein Leben in Fülle garantiert. Monica Coleman weist diese Argumentation zurück, denn für sie ist die Diskussion über Unterdrückung nicht beendet, und sie will den Diskurs zur Erlösung hier einbezogen wissen. Sie vertritt eine *womanist theology* (afro-amerikanisch geprägte feministische Theologie), die in eine Soteriologie eingebunden ist, die kein künstliches Konzept ist, das auf die Rede vom Leben nach dem Tode fokussiert ist. Für sie, wie für andere Befreiungstheologen, muss die Erlösung in diesem Leben erreicht werden.[51]

Der südafrikanische Bibelwissenschaftler Gerald West äußert in seiner Auslegung des Vaterunsers ähnliche Gedanken: „Die meisten von uns sind von Formen der christlichen Theologie beeinflusst, die diese Welt verkleinern und auf die kommende Welt fokussiert sind, die himmlische Welt. Aber Jesus weist diese Theologie zurück und stellt klar, dass seine Jünger darum beten sollen, dass ‚auf Erde' Gottes Reich kommen und Gottes Wille getan werden solle. ... Die Erde ist der Zielort des Reiches Gottes."[52] Afrikanische feministische Theologinnen verstehen, dass Armut eine optimale Gastfreundschaft behindert. Diese Armut wird erkannt als das, was sie ist, die systematische wirtschaftliche Ausgrenzung durch die Reichen, die hart daran arbeiten, dass die Armen in dieser Lage verbleiben.

Ela stellt im Blick auf den von ihm propagierten „Kornkammer-Dienst" die bohrende Frage: „Was nützt es, Gemeinschaften zu mobilisieren, wenn es nicht das Ziel ist, die Bauern vor der Nahrungsmittelwaffe zu schützen?"[53] Dem schließen sich unmittelbar theologische Reflexionen über Gott an, der die menschliche Würde wiederherstellt: „Weil der Gott des Evangeliums offenbart ist als der Leben bringende Gott, erfordert es unser

---

[50] *David Maison:* Church Land, People's Rights and Development in South Africa; in: *D. S. Gillan* (ed.): Church, Land and Poverty, Johannesburg 1998, 61–70, hier: 61.

[51] Vgl. *Monica A. Coleman:* Making a Way Out of No Way: A Womanist Theology. Minneapolis 2008, 11.

[52] *Gerald O. West,* The Stolen Bible: From Tool of Imperialism to African Icon, Leiden 2016, 87.

[53] *Jean-Marc Ela:* My Faith as an African, New York 1988, 92.

Glaube, alle Systeme abzulehnen, die leere Kornkammerzeichen des Hungers und des Todes produzieren."[54] Das ist der Kontext, in dem Armut zum frühzeitigen Tod von Babys und Kindern führt, zu Hungerschäden und dem fehlenden Zugang zu lebensnotwendigen Ressourcen.

Die afrikanische Frau ist alleine gelassen worden bei ihren Anstrengungen, ihre Kinder zu ernähren. Man hat sie auf dem Dreschplatz zurückgelassen ohne genügend Korn, um selbst das einfachste Essen zu bereiten. Ihr Körper ist benutzt und geschändet worden, weil sie Afrikanerin und Frau ist; und weil sie eine Frau und schwarz ist. Ihr Körper ist ein Ort des Schmerzes.

Der Tisch ist ein Ort der Demütigung und Verweigerung. Die afrikanische Frau ist zum Schweigen gebracht worden, weil ihr Körper Menstruation, Gebären und Menopause kennt; Erfahrungen, die nicht die des Mannes sind. Sie hat kein Problem damit, dass Jesus ein Mann ist, ihr Problem ist, dass die meisten Männer nicht wie Jesus sind.[55] Aus diesem Grund beschließt Oduyoye ihre Theologie der Gastfreundschaft in ihrem Buch *Daughters of Anowa: African Women and Patriarchy* mit diesem kämpferischen Aufruf: „Reziprozität in der Gastfreundschaft stellt die Annahme infrage, dass Männer Frauen gegenüber keine Verpflichtungen haben. Jede Handlung, jede Person, jeder Mann, jede Frau, alle bleiben vollständige Ganzheiten, und ihre Beziehung ist eine der Interaktion zum gegenseitigen Nutzen."[56]

Schlussbemerkung

Erhebt eure Herzen! Wir erheben sie zum Herrn![57]

Dieses Gebet ruft auf wunderbare Weise das Bild einer Not hervor, die beantwortet werden muss. Jede Nacht in der Küche meiner Mutter war ein heiliger Moment für mich und meine Geschwister. Wir warteten mit Spannung, dass es etwas zu Essen geben würde. Jede Essenszeit war unsere eucharistische Bitte um die Speisung unserer Körper und unseres Geistes. Wir vertrauten den Absichten und dem guten Willen unserer Mutter, der Gastgeberin am Tisch. Ihre Küche wurde zu einem Ort der Befreiung selbst

---

54 Ebd., 93.
55 Vgl. *Susan Rakoczy:* In Her Name. Women Doing Theology, Pietermaritzburg 2004, 98.
56 *Mercy Amba Oduyoye:* Daughters of Anowa: African Women & Patriarchy, New York 1995, 35.
57 Das ist eines der liturgischen Gebete, das bei jedem Abendmahlsgottesdienst der Methodistischen Kirche von Südafrika gesprochen wird.

in Nächten, an denen sie kein Essen auf unseren Tisch stellte. Aber unsere Hoffnung wurde erneuert und das Leben bejaht. Wenn die Eucharistie irgendeinen lebensverändernden Einfluss auf die vielen hungernden schwarzen Körper Afrikas und anderswo in der Welt haben soll, dann ist es entscheidend, dass sie sich an den Sachwalter der Gerechtigkeit richtet, Jesus. Um Jesus geht es bei diesem Mahl. Wir erinnern uns an alle seine Verheißungen: „Ich bin gekommen, damit sie das Leben haben und volle Genüge" (Joh 10,10).

Ich warte noch darauf, einen Ort zu sehen, wie den Altar in unserer Innenstadtkirche in Port Elizabeth beim monatlichen Abendmahlsgottesdienst: Die Mütter, Väter, Schwestern und Brüder, die auf der Straße leben, diejenigen, deren Körper den Zuhältern gehören. Der Tisch kann von der Straße aus gesehen werden, wenn wir das Brot und den Kelch erheben, sie kommen herein und knien am Altar. In diesem Augenblick stehen alle, ob „rein" und „unrein", in einer Reihe und erheben ihre Herzen zum Herrn.

Übersetzung aus dem Englischen: Dr. Wolfgang Neumann

Auferstehende Wunden im Nachleben der Apartheid

„Frieden, Trauma und Religion" in Südafrika[1]

Helgard Pretorius[2]

Einleitung

In einer bewegenden Trauerrede bei der offiziellen Trauerfeier für Winnie Madikizela-Mandela im Orlando-Stadion in Soweto berichtete der Präsident der Republik Südafrika, Cyril Ramaphosa, einfühlsam von dem Besuch, den er mit fünf weiteren leitenden Persönlichkeiten des African National Congress (ANC) der Familie von „Mama Winnie" (wie sie liebevoll genannt wurde) abgestattet hatte, um der Familie am Tag nach ihrem Tod zu kondolieren. Er erzählte den Zehntausenden von Trauernden im Stadion und den Millionen Hörer*innen und Zuschauer*innen am Radio oder Fernseher, wie sehr es ihn bewegt habe, als Zenani Mandela, Mama Winnies Tochter, unter Tränen von dem großen Leid sprach, das ihre Mutter während ihres Lebens ertragen musste.

Für Ramaphosa „... offenbaren Zenanis Tränen Mama Winnies Wunden... Sie riefen die Situation vor Augen, als Jesus zum Apostel Thomas sagte ‚Reiche deinen Finger her und sieh meine Hände, und reiche deine Hand her und lege sie in meine Seite ...' Jesus sagte dem Apostel damit: Berühre meine Wunden ... Auch wir müssen unsere Wunden erkennen, wir müssen zugeben, dass wir eine Gesellschaft sind, die ver-

[1]   Dieser Aufsatz ist eine leicht veränderte Fassung einer öffentlichen Vorlesung am 24. April 2018 an der Vrije Universiteit Amsterdam auf Einladung des Amsterdam Centre for Religion and Peace & Justice Studies. Sie wurde gehalten im Rahmen der öffentlichen Vorlesungsreihe zu Frieden, Trauma und Religion in Südafrika nach der Apartheid.
[2]   Helgard Pretorius ist Juniorprofessor für Systematische Theologie und Ekklesiologie an der Stellenbosch University, Südafrika und Pastor der Niederländisch-Reformierten Kirche in Südafrika.

letzt und beschädigt ist durch unsere Vergangenheit, die betäubt ist durch unsere Gegenwart und zögernd in die Zukunft blickt. Dies könnte erklären, warum wir so leicht anfällig sind für Wut und Gewalt... Viele Menschen sahen Mama Winnie als ihre Mutter an, weil ihre eigenen Wunden sie so nahbar machten, zu der man sich leicht in Beziehung setzen konnte. Nur wenn man selbst wirklichen Schmerz empfindet, kann man ihn in anderen erkennen und Trost und Heilung anbieten. Wir haben diese Wunden gesehen und berührt, jetzt ist es an der Zeit, die gesehenen Wunden zu heilen, die uns allen, auch Mama Winnie, in der Vergangenheit zugefügt wurden."[3]

In diesem besonderen Moment stellte Ramaphosa eine enge Verbindung her – wie mit Nadel und Faden nähte er sie zusammen – zwischen den Wunden Jesu und denen Mama Winnies sowie denen einer ganzen Gesellschaft. Es war eine Art Einladung an die Trauernden, in einen Prozess der Heilung ihrer gemeinsamen Wunden einzutreten durch das Sehen und sich berühren Lassen von ihren persönlichen und kollektiven Wunden. Für mich ist Ramaphosas Trauerrede Anlass zu theologischen Überlegungen über das Leben nach einem geschichtlichen Trauma, wie die Apartheid es war, inspiriert durch die Auferstehung des verwundeten Jesu.

Bevor ich fortfahre, ist es jedoch wichtig, etwas zu der Perspektive zu sagen, von der aus ich spreche. Ich bin ein weißer Afrikaner, geboren in den späten 1980er Jahren als Mitglied einer Familie der oberen Mittelschicht. Ich bin auch Pastor der Niederländisch-reformierten Kirche in Südafrika (*Dutch Reformed Church in South Africa – DRCSA*), einer Kirche mit eindeutigen historischen Verbindungen zum Aufbau und Propagierung der Apartheid-Ideologie. Diese Merkmale anzuerkennen ist für mich wichtig, wenn ich gebeten werde, über „Frieden, Trauma und Religion" als Bürger Südafrikas zu sprechen. Abgesehen davon, dass ich von einer privilegierten Position aus spreche, bedeutet dies auch, dass Ramaphosa, als er von den Wunden Mama Winnies sprach und wie diese Wunden es erleichterten, zu ihr eine Beziehung aufzubauen, vielleicht nicht mich im Sinn hatte. Ich kann Mama Winnies Wunden nicht leicht nachempfinden. Im Unterschied zu Millionen von Trauernden, die an diesem Tag Ramaphosa zuhörten, muss ich mich bemühen, ihre Wunden zu sehen. Es gelingt mir oft nicht, „die uns allen zugefügten Wunden" zu berühren. Ich betone hier also zu Beginn die kontextuelle Natur und die Begrenzungen der folgenden Überlegungen. Wenn ich, wie Ramaphosa, von „Wunden" mit dem Wunsch nach besserer Erkenntnis, nach Wiedergutmachung und Heilung

---

[3]   *Cyril Ramaphosa:* Rede bei der Trauerfeier für Winnie Madikizela-Mandela im Orlando-Stadion, Soweto, 14. April 2018.

spreche, gebe ich nicht vor, dies im Namen aller zu tun, die in Südafrika leben. Ich beschränke mich bewusst auf die Anstrengungen zur Verarbeitung jener Wunden, die die weiße Bevölkerung Südafrikas heute betreffen.

Dieser Aufsatz behandelt die Frage: *Was bedeutet das christliche Zeugnis heute in Südafrika?* Der Aufruf, Christi Werk der Erlösung und Versöhnung zu bezeugen, ist ein zentraler, universell gültiger Aspekt des christlichen Lebens und Glaubens. Ich gehe jedoch davon aus, dass theologische Fragen stets kontextuell zu behandeln sind und deshalb Antworten bedürfen, die im Blick auf den Kontext sensibel und verantwortbar sind. Deshalb kann meine Frage eingeschränkter lauten: „Was könnte das christliche Zeugnis bedeuten für die ‚weiße Kirche', der ich angehöre, im heutigen Südafrika?" Natürlich heißt dies nicht, dass diese Überlegungen nicht auch ihren Wert über den unmittelbaren Kontext hinaus haben könnten oder sollten.

Jesu Auferstehung und Himmelfahrt sind Symbole, die in Bezug auf diese Fragestellung hilfreich sein könnten. Insbesondere werde ich meinen Blick auf jenen Teil der Tradition richten, der sich Jesu Auferstehung als eine Auferstehung von Wunden vorstellt. Eine weitere Klärung ist jedoch auch nötig hinsichtlich dessen, was Ramaphosa meinte, als er sagte, dass „wir eine Gesellschaft sind, die verletzt und beschädigt ist durch unsere Vergangenheit, die betäubt ist durch unsere Gegenwart und zögernd in die Zukunft blickt". Ich werde deshalb im ersten Teil Erkenntnisse aus dem weiten Feld der Traumaforschung auf den südafrikanischen Kontext anwenden, weil dies eine Möglichkeit bietet, die Verwundungen des Lebens „nach" der Apartheid zu verstehen. Meine primäre Quelle für diesen hermeneutischen Blick sind die Arbeiten der nordamerikanischen Theologin Shelly Rambo, die auf sehr kreative Weise den Dialog zwischen Traumaforschung und der christlichen Tradition befördert hat.[4] Ich werde deshalb im zweiten Teil eine sehr kurze Einführung in ihr Denken geben und dann im dritten Teil ihre Re-Lektüre der von Ramaphosa erwähnten Begegnung des auferstandenen Jesus mit seinem Apostel Thomas betrachten. Schließlich werde ich im vierten Teil in einer Art selbstkritischer Reflexion diese Überlegungen auf die Frage des authentischen christlichen Zeugnisses in der und durch die Denomination beziehen, der ich in Südafrika angehöre.

---

[4] Insbesondere stütze ich mich im Nachfolgenden auf die beiden Werke: *Shelly Rambo: Spirit and Trauma: A Theology of Remaining*, Louisville 2010 und *dies.:* Resurrecting Wounds: Living in the Afterlife of Trauma, Waco 2017.

Traumata hat es schon immer gegeben, aber das Trauma als „Konzept"
und die Traumaforschung sind noch relativ jung. Der Begriff „Trauma"
wurde erst nach dem Zweiten Weltkrieg populär und ging dann in den
1980er Jahren in den allgemeinen Sprachgebrauch ein, mit der Bezeichnung „posttraumatische Belastungsstörung" (PTBS). Die Vorstellung, dass
Erfahrungen des Verlustes oder der Gewalt eine verborgene Wunde hinterlassen – „Trauma" bedeutet im Griechischen wörtlich „Wunde" –, die
lange nach dem ursprünglichen Ereignis wirksam bleibt, veränderten fundamental die Art und Weise, wie wir mit menschlichem Leiden umgehen.
Die Traumaforschung lässt uns diese schwer fassbare Natur des Leidens
besser verstehen, die sich in mindestens drei Aspekten manifestiert, nämlich in Bezug auf „Zeit", „Körper" und „Sprache".[5]

a. Zeit
   Zunächst zeigt sich ein Trauma als eine Störung unseres menschlichen
Zeitempfindens. Jeder, der Erfahrungen mit PTBS hat, wird bestätigen,
dass die Zeit eben nicht „alle Wunden heilt", wie es klischeehaft heißt.
Vielmehr ist Zeit selbst ein Teil der Verwundung. Störungen des Zeitempfindens sind selbst konstitutiv für die Wunde.
   Auf diese komplexe Beziehung zwischen Trauma und Zeit weist die
Bemerkung Ramaphosas hin, dass wir Südafrikaner „eine Gesellschaft sind,
die verletzt und beschädigt ist durch unsere Vergangenheit, die betäubt ist
durch unsere Gegenwart und zögernd in die Zukunft blickt". Im Trauma ist
der Fluss der Zeit von der Vergangenheit in die Gegenwart und in die Zukunft unterbrochen. Die Vergangenheit dringt so stark in die Gegenwart
ein, dass die Gewalt und das Leiden der Vergangenheit wiedererlebt und
wiederholt werden. Solche Invasionen der Vergangenheit haben oft einen
Verlust der Initiative und des Handelns in der Gegenwart zur Folge. Das
Trauma beschädigt auch unsere Fähigkeit, positiv in die Zukunft zu sehen,
denn an die Stelle von Plänen und Hoffnungen rückt die Notwendigkeit,
Situationen zu meiden, die einen lähmenden *Flashback* auslösen könnten.
Traumaforscher*innen sprechen oft von der „Doppelstruktur" eines Traumas, um darauf hinzuweisen, dass ein ursprüngliches traumatisches Ereignis verspätet erwachen kann, selbst Jahre später, unerwartet, ohne erkenn-
baren Grund.

---

[5]   *Rambo,* Spirit and Trauma, 18–21.

Rambo berichtet von einem Gespräch, das sie mit einem Mann aus New Orleans 29 Monate nach der Zerstörung durch den Hurrikan Katrina darüber führte, wie die Leute zurechtkämen. Er berichtete ihr von der starken Tendenz zu behaupten, dass in New Orleans alles wieder so wie früher sei: „Die Leute sagen immer, dass sie darüber hinweg sind." Aber eine solche selbst versichernde Sprache verdeckte, wie auf vielfache Weise die Dinge eben *nicht* wieder normal seien. Und der Mann fügte hinzu: „Der Sturm ist vorbei, aber der ‚Nachsturm' ist immer da."[6]

Traumastudien zeigen, dass Leiden und Verlust nicht isoliert und an eine bestimmte Zeit und an einen bestimmten Ort fixiert werden können. Das Leben nach dem Leiden, das Leben nach dem Erleben eines Todes, ist gezeichnet durch Tod und Verlust, ist ein verwundetes Leben. Der Sturm ist vorüber, aber der „Nachsturm" ist immer da.

b. Körper

Zweitens haben uns Traumastudien gezeigt, wie traumatische Erfahrungen in unseren *Körpern* gespeichert und erinnert werden, oft auf eine Art und Weise, die uns nicht bewusst ist. Bessel van der Kolk hat vor kurzem in einem wichtigen Beitrag beleuchtet, wie traumatisierte Körper auf eine kraftraubende, uns in der Vergangenheit gefangen haltende Weise „den Punktestand registrieren".[7] Im Blick auf unser Thema beschränke ich mich darauf, dass dies in einem metaphorischen Sinne auch für unsere sozialen Körper gilt.[8]

In einer zutiefst persönlichen Darstellung der „Rassen"-Geschichte der USA nennt der Autor und Dichter Wendell Berry den Rassismus eine „verborgene Wunde", die unter der Oberfläche von Amerikas kollektiver Haut lebt. Der körperbezogene Charakter seiner Sprache ist erstaunlich: „Die Wunde ist in mir", schreibt er, „so tief und komplex in meinem Fleisch wie Blut und Nerven."[9] Indem er vom Rassismus als einer verborgenen Wunde spricht, die unter der Oberfläche schwelt, stellt Berry die verbreitete Anschauung infrage, dass der Rassismus eine Wunde der Vergangenheit sei, etwas, das man hinter sich gelassen hat. Seine Bildsprache lädt uns ein, unter die Oberfläche der Dinge zu schauen, wo „Rasse", wie Blut und Ner-

---

[6] Ebd., 1–2.

[7] *Bessel van der Kolk:* The Body Keeps the Score: Brain, Mind, and Body in the Healing of Trauma, New York 2014.

[8] *Wendell Berry:* The Hidden Wound, Berkeley 2010. Ich entdeckte den Hinweis auf Berrys wertvollen literarischen Beitrag zu der umstrittenen Rassenfrage im dritten Kapitel von Rambos *Resurrecting Wounds:* 'Surfacing Wounds: Christian Theology and Resurrecting Histories in the Age of Ferguson'.

[9] *Berry,* a. a. O., 33.

ven, verborgen und doch mächtig wirkt und die Fasern unseres kollektiven Körpers besetzt. Darüber hinaus richtet Berry unsere Aufmerksamkeit auf die erbliche Natur einer rassifizierten Imagination, die – wie Gene – im Verborgenen von Generation zu Generation weitergegeben wird.

c. Sprache

Drittens zeigt das Trauma die Zerbrechlichkeit der *Sprache*. Das Traumatische ist eben das, was nicht in unsere persönlichen oder kollektiven Erzählungen aufgenommen oder integriert werden kann. Es ist die nicht zu eigen gemachte Erfahrung, die sich nichtsdestoweniger in der Gegenwart fühlbar macht und uns damit in die unhaltbare Lage bringt, das Unsagbare sagen zu müssen. Oft vertieft dieser Sprachverlust noch das Leiden der traumatisierten Menschen, denn er isoliert sie von ihrer Gemeinschaft. Die Unfähigkeit zur Kommunikation beschädigt Vertrauensbeziehungen und bewirkt die Auflösung unserer sozialen Welt und zugleich die Desintegration unseres Selbst- und Identitätsempfindens. Die Schwierigkeit über traumatische Erfahrungen zu sprechen, ist darüber hinaus verbunden mit der Schmerzhaftigkeit der Wahrnehmung solcher Erfahrungen. Im Innern zweifelt man an seinen eigenen Erfahrungen, während äußerlich traumatische Wunden leicht ausgeblendet, geleugnet oder überdeckt werden.[10]

Berrys Verwendung des Begriffs „verborgene Wunde" hat eine zweifache Bedeutung. Als Ideologie und Mythos sind rassische Konstrukte im Unbewussten verborgen. Doch es gibt auch eine willentlich verborgene Wunde, verhüllt, geleugnet und ausgeblendet. Die Geschichten, die wir uns und anderen erzählen, sind die Mittel, durch die sich Systeme rassischer Vorurteile und Unterdrückung einwurzeln und von Generation zu Generation weitergegeben werden. Zugleich arbeiten sie daran, diese Mechanismen zu überdecken und ihr eigenes Wirken zu verbergen, um uns vor Wahrheiten zu schützen, die zu brutal sind, um sie auszuhalten.[11]

Dies gilt in besonderer Weise auch für unsere christlichen Erzählungen. „Weit entfernt, die Wunde des Rassismus zu heilen …", so Berry, „… ist das Christentum der Weißen vielmehr dessen lindernder Wundverband gewesen – ein Verband in der Maskerade von Sonntagskleidern, die man trägt, um sich einen gewissen moralischen Kredit zu erwerben."[12] Das Christentum der Weißen nähert sich den Wunden aus einer privilegierten Position. Es leugnet nicht die Existenz der Wunden als solche, aber es „spi-

---

10   *Rambo*, Spirit and Trauma, 21–26.
11   *Rambo*, Resurrecting Wounds, 72.
12   *Berry*, The Hidden Wound, 242.

ritualisiert und verinnerlicht oder privatisiert die Wunden".[13] Auf diese Weise, sagt Rambo, „behauptet das Christentum, Heilung zu bringen, ist aber tatsächlich daran beteiligt, die unter der Oberfläche liegenden Wunden zu verdecken und zu überdecken".[14]

Ich habe hier den Begriff „Trauma" eingeführt, weil es ein Instrument ist, um über historische Gewalt zu sprechen, deren Wirkung noch anhält. Ich habe gezeigt, dass das Trauma in die Komplexität unserer Erfahrung der Zeit eingreift, dass es eine in den Körper eingeschriebene Wunde ist, die unsere vorherrschende Logik zerreißt, dass es schließlich die Grenzen von Sprache und Narration offenlegt, von Aussagen, Bezeugungen und Wahrnehmungen. Mit der literarischen Hilfe Wendell Berrys habe ich weiterhin das Konzept des Traumas mit der „verborgenen Wunde" des Rassismus in Zusammenhang gebracht. Allen, die Südafrika kennen, sollte sofort klar sein, wie sich diese Erkenntnisse auf das Leben im heutigen Südafrika anwenden lassen. Wenn wir Rambos Begrifflichkeit nutzen, können wir sagen, dass die Südafrikaner im „Nachleben der Apartheid" leben. „Die Apartheid ist vorbei, aber die ‚Nach-Apartheid' ist immer da." Apartheid und ihre rassifizierte Imagination ist keine *historische* Wunde, wenn damit gemeint ist, dass sie der *Vergangenheit angehört*. Vielmehr ist sie eine *verborgene Wunde*, die schmerzhaft lebendig ist und voller Kraft aktiv ist, die unter der kollektiven Haut aller in Südafrika Lebenden schwelt.

Was könnte es also bedeuten, Zeugnis abzulegen für die christliche Hoffnung auf eine erlöste und versöhnte menschliche Gemeinschaft – wenn die „Nach-Apartheid" immer gegenwärtig ist?

2. Trauma und christliches Zeugnis: Shelly Rambo

In der Auseinandersetzung mit diesen Fragen fand ich das Werk der nordamerikanischen Theologin Shelly Rambo sehr hilfreich. In zwei ihrer sehr positiv rezipierten Werke – *Spirit and Trauma: A Theology of Remaining* (2010) und *Resurrecting Wounds: Living in the Afterlife of Trauma* (2017) – hat Rambo versucht, die christliche Tradition aus der Perspektive des Traumabegriffes zu betrachten. Für sie ist Trauma nicht einfach nur ein weiteres Thema, mit dem sich die Theologie befasst, sondern eine gelebte Realität, von der her die christlichen Traditionen grundsätzlich neu überdacht werden müssen. „Trauma bewirkt in der Theologie

---

[13] *Rambo,* Resurrecting Wounds, 74.
[14] Ebd., 73–74.

eine neue Ignoranz", schreibt sie.[15] Angesichts dessen, was wir über Traumata wissen, klingen Theologien, die eine eiternde Wunde mit einer versöhnlichen Salbe oder einem lindernden Verband abdecken, nicht nur hohl und unüberzeugend, sondern haben einen gefährlichen Anteil an der Wiederholung des Leids. Diese Formen von Theologie haben aber immer noch, wie das von Berry erwähnte „Christentum der Weißen", einen immensen Einfluss in Südafrika.

In *Spirit and Trauma* lädt Rambo dazu ein, darüber nachzudenken, was es bedeuten könnte, „von innen" Zeugen dieser komplexen Zwischenerfahrung des „Bleibens" zu sein. Mit anderen Worten: Wie legen wir Zeugnis ab als diejenigen, die bleiben; aber auch dem gegenüber, was als Tod im Leben bleibt? Aus der Perspektive des Traumas geht es bei den Begegnungen des auferstandenen Jesu mit seinen Jüngern weniger um das „Nachleben" (eine Existenz in einer anderen Welt nach dem Tod) als um eine „Nachlebensweise". Was verheißt die Auferstehung denjenigen, die bleiben; denjenigen, die weiterleben nach Erfahrungen des Todes, des Verlusts und der Gewalt?

Einer der wichtigsten Beiträge Rambos ist es, den *Zeugnis*charakter des christlichen Glaubens neu einzufordern, als Sagen der Wahrheit, als Klage, als Schuldbekenntnis – verschiedene Formen das Unsagbare, Unbeanspruchte, Verborgene, Unterdrückte zu bezeugen. Als Ergänzung zu den stärker vorherrschenden Modellen des christlichen Zeugnisses wie „Verkündigung" (des Evangeliums) und Zeugnis als *„imitatio"* (ein Leben in Jüngerschaft, das Christi beispielhafte selbstlose Liebe verkörpert) erinnert Rambo an jenen vernachlässigten Aspekt der christlichen Tradition, der im Bezeugen des menschlichen Leidens den Glauben bekennt.[16] Dieser Zeugnischarakter des christlichen Glaubens bedeutet, dass wir uns hinsichtlich der Leiden und der Wunden so positionieren, dass die verborgenen Wahrheiten durch die Risse unterdrückender und ablenkender Logiken dringen können.[17]

3. Auferstandene Wunden im Nachleben der Apartheid

In *Resurrecting Wounds* geht Rambo weiter in diese Richtung, indem sie die bekannte Erzählung von der Wiederbegegnung des auferstandenen Jesu mit seinen Jüngern (Joh 20,19–28) unter dem Blickwinkel des Traumas betrachtet.

---

[15] *Rambo,* Spirit and Trauma, 17.
[16] Ebd., 36–41.
[17] Ebd., 40.

Es ist spät in der Nacht, am Sonntag nach der brutalen Kreuzigung Jesu. Die (traumatisierten?) Jünger sind versammelt hinter verschlossenen Türen. Aus Angst vor der Verfolgung durch dieselben Leute, die Jesus getötet haben, verbergen sie sich in einem Raum mit verbarrikadierten Türen. Plötzlich erscheint Jesus mitten unter ihnen, fast wie ein Geist, außer dass er Fleisch und Knochen hat wie sie. Er segnet sie: „Friede sei mit euch!" Und dann, plötzlich, zeigt er ihnen seine Hände, die immer noch die Wunden aufweisen, von den Nägeln durchbohrt. Er zeigt auch die Wunde an seiner Seite, wo der Speer in seinen Körper eindrang.

Wir wissen, wie die Geschichte weitergeht. Einer der Jünger, Thomas, war nicht anwesend. Als er hörte, was die anderen Jünger über das Geschehene erzählten, sagt er herausfordernd, er werde nicht glauben, „wenn ich nicht in seinen Händen die Nägelmale sehe und lege meinen Finger in die Nägelmale und lege meine Hand in seine Seite". Acht Tage später waren die Jünger wieder bei verschlossener Tür versammelt, diesmal mit Thomas, – und Jesus erschien wieder. „Friede sei mit euch!", segnet er sie erneut. Dann, mit seinen Wunden vor den Jüngern stehend, wiederholt Jesus, was Thomas gesagt hatte, als Jesus nicht da war. Er fordert Thomas auf, seinen Finger herzureichen und in seine Wunden zu legen und seine Hand herzureichen und in seine Seite zu legen. „Mein Herr und mein Gott!", ist die Antwort des Thomas.

Um was geht es in dieser Geschichte? Nach der vorherrschenden Interpretation geht es in der Geschichte um den Glauben, oder vielmehr um den *Zweifel*. Es ist schließlich die Geschichte des „ungläubigen Thomas". „Weil du mich gesehen hast, darum glaubst du? Selig sind die, die nicht sehen und doch glauben!" Glauben ist mehr als Sehen, Vertrauen ist mehr als Gewissheit; seid nicht wie der ungläubige Thomas, der Beweise braucht; glaubt und ihr werdet das Leben haben. Wir alle haben diese Predigt schon gehört oder womöglich gehalten. Etwas aber geht in dieser Interpretation verloren. Die Interpreten, die dieser Linie folgen, neigen dazu, die Bedeutung der Wunden zu übersehen oder zu ignorieren, die am Körper Jesu zum Vorschein kommen. Viele, wie etwa Johannes Calvin in seinem Kommentar zu diesem Text, sehen in den Wunden wenig mehr als beiläufige Zeichen, mit denen Gott dem skeptischen Thomas entgegenkommt in diesem Augenblick des Zweifels. Im Kontext von Calvins eucharistischer Polemik werden Jesu Wunden ausgelöscht.[18]

---

[18]   Siehe *Rambo*, Resurrecting Wounds, Kap. 1, "Erasing Wounds: John Calvin and the Problem of the Resurrected Body".

Exegeten wie Shelly Rambo jedoch (und Cyril Ramaphosa!) fordern uns auf, die Tatsache ernst zu nehmen, dass Gottes Werk der Auferstehung die Auferstehung der Wunden einschließt. Was bezweckt der Autor des vierten Evangeliums mit dieser Geschichte von den Wunden? Was bedeutet es, dass Gott, indem er Jesus auferstehen lässt, dies auch mit seinen Wunden tut und diese aus dem dunklen und unzugänglichen Grab in das Licht bringt – in Sicht- und Reichweite? Was ist die Bedeutung von Wunden, die inmitten der verehrenden, um Jesu versammelten Gemeinde an die Oberfläche kommen? Wie sollen wir die Aufforderung verstehen, Jesu Wunden zu sehen und zu berühren? Bilden diese Worte nur den unwichtigen Hintergrund zu einer Geschichte von Glauben und Zweifel? Oder sollten sie als ein integraler Bestandteil der Geschichte darüber angesehen werden, wie Gott uns zu einem versöhnten Leben in Gemeinschaft erhebt – auch und gerade in der un-toten Zähigkeit des Nachlebens der Apartheid?

Von größter Bedeutung für diese Fragen ist der Sachverhalt des *Erkennens*. Erscheinungen des auferstandenen Jesus sind oft von Verkennen begleitet, der Unfähigkeit seiner Anhänger, ihn zu erkennen. Hier aber scheinen die Jünger keine Probleme zu haben, Jesus zu erkennen. Es wird gesagt, „da wurden die Jünger froh, dass sie den Herrn sahen".

Erkennen kann jedoch sehr viel komplexer sein, als es zunächst den Anschein hat. Shelly Rambo lenkt unsere Aufmerksamkeit auf die seltsame Weise, in der Jesus sich angetrieben sieht, seinen ersten Friedensgruß zu wiederholen, wo doch seine verwundete Erscheinung so schnell und leicht Freude bei den Jüngern hervorgerufen hatte.[19] Hat diese Freude nicht einen falschen Unterton in dieser Kammer der Furcht, in den sie sich eingeschlossen haben? Rambo fordert uns auf, die Reaktion der Jünger auf Jesu erschreckend intimes Herzeigen seiner Wunden neu zu überdenken. Könnte ihre Freude in einer solchen Situation nicht ein weiteres, hintergründiges Beispiel für ihr *Ver*kennen sein? Sie sehen Jesus, aber haben sie auch seine Wunden gesehen? Und haben sie wirklich die Wunden erkannt, wenn sie nicht auch in ihnen ihre eigene Komplizenschaft an seiner Verwundung sehen, ihren Verrat und ihre Leugnung? Vielleicht hat dieses *Ver*kennen Jesus dazu veranlasst, sich zu wiederholen: „Friede sei mit euch! Wie mich der Vater gesandt hat, so sende ich euch." Erkennen die Jünger, was es bedeutet, wenn der Gekreuzigte, Verwundete sie sendet – wie der Vater ihn gesandt hat?

Die an die Oberfläche tretenden Wunden garantieren kein Erkennen. Wenn in Südafrika Wunden zum Vorschein kommen, sind sie oft von star-

---

[19] Ebd., 80–84.

ken Emotionen begleitet: Verwirrung, Zweifel, Angst, Scham. Wie die eingeschlossenen Jünger, laufen die weißen Menschen in Südafrika beständig Gefahr, sich in ihre Logiken zu verschanzen, die wiederum falsche Sichtweisen stützen. Die Leichtigkeit, mit der wir behaupten zu sehen und zu verstehen, verrät ein tiefer liegendes Versagen, die Wunden der anderen zu erkennen, aber auch unsere eigenen Wunden, einschließlich unserer Scham, unserer Zweifel und Ängste.

Ein Beispiel aus einer 2015 vom *Institute for Justice and Reconciliation* (Institut für Gerechtigkeit und Versöhnung) durchgeführten Umfrage mag verdeutlichen, wie komplex Erkenntnis sein kann. Als Antwort auf die Aussage „Südafrikaner brauchen immer noch Versöhnung" stimmten 74 Prozent der befragten weißen Personen zu, 12,8 Prozent waren unentschieden und 13,2 Prozent stimmten nicht zu.[20] Ganz deutlich findet die Sprache der Versöhnung bei der großen Mehrheit der weißen Südafrikaner einen positiven Widerhall als etwas Notwendiges und Wünschenswertes (ein hoher Prozentsatz im Vergleich mit anderen ethnischen Gruppen, bei denen die durchschnittliche Zustimmung bei 69,7 Prozent lag).[21] Offensichtlich haben weiße Personen kaum Probleme, die Notwendigkeit der Versöhnung zu erkennen.

Die Antworten auf eine zweite Aussage jedoch werfen ein interessantes Licht darauf, wie die weißen Befragten Versöhnung verstehen. Der Aussage „Versöhnung ist unmöglich, wenn die unter der Apartheid Benachteiligten weiter arm bleiben" stimmten nur 49,5 Prozent der weißen Personen zu, 19,3 Prozent waren unentschieden, während 31,2 Prozent verneinten.[22] Während weiße Südafrikaner anscheinend der Überzeugung sind, dass Versöhnung notwendig ist, sind nach dieser Umfrage weniger als die Hälfte von ihnen fähig, eine Verbindung zwischen Versöhnung und der Schaffung einer Gesellschaft der Gleichberechtigung und Würde zu erkennen, zwischen der Wiederherstellung von Beziehungen und der Beseitigung fortdauernden Unrechts, zwischen Vergebung und Wiedergutmachung. Die Tatsache, dass mehr als 50 Prozent der weißen Befragten irgendwelche Zweifel daran haben konnten, dass die andauernde Armut der Mehrheit ihrer Mitbürger, die durch die Apartheid benachteiligt wurden, ein Hindernis für die Versöhnung darstellt, verweist auf ein tief sitzendes Verkennen des Leids, das durch die fortdauernde wirtschaftliche

[20]   *Jan Hofmeyer* und *Rajen Govender:* South African Reconciliation Barometer Briefing Paper 1: National Reconciliation, Race Relations, and Social Inclusion, Cape Town 2015, 6.
[21]   Ebd.
[22]   Ebd., 7.

Ungerechtigkeit, Ungleichheit und Armut verursacht wird (im Vergleich stimmten nur 11,3 Prozent der schwarzen Befragten der Aussage nicht zu).[23] Wie die sich freuenden Jünger können wir vielleicht die Wunden sehen, aber es bleibt die Frage, ob wir sie wirklich als das *erkennen*, was sie sind.

Es ist ein Verdienst der *Black Theology* (auf beiden Seiten des Atlantiks), uns zu einem tieferen Verständnis der Frage verholfen zu haben, wie weiße Menschen „darin scheitern zu sehen". Dank Theolog*innen wie James Cone, Delores Williams und Willie James Jennings (Rambos vornehmlichen Gesprächspartnern) sind wir heute sensibler für die Art und Weise, wie Vorurteile, Macht und Privilegien auch unsere theologischen Diskurse besetzen, um Verdrängungen aufzuzeigen, die ungerechte und ungleiche Beziehungen vor unseren Augen verbergen. Wenn zum Beispiel weiße Personen christliche Erzählungen auf eine unhistorische und entkontextualisierte Weise interpretieren, heißt das nicht, dass sie sich *weigern* zu sehen. Vielmehr handelt es sich um ein Eingebundensein in „Dynamiken des Nicht-Sehens", die von umfassenden Systemen der Erziehung und Ausbildung gestützt werden, die Menschen darauf trainieren, bestimmte Dinge *nicht zu sehen*.[24] In dieser Hinsicht können weiße Christ*innen – ohne nun wiederum die Last der Bewusstmachung den Opfern des Rassismus aufladen zu wollen – eine Menge durch das Hören auf schwarze Stimmen gewinnen, die aufzeigen, wie unsere Glaubenspraktiken – aus einer privilegierten Position heraus – dazu tendieren, die Verbindung zwischen dem Kreuz Christi und den fortdauernden Kreuzen der Geschichte zu kappen.[25]

In dieser Hinsicht stellen das Wiederauftauchen der Wunden am Körper des auferstandenen Jesu und die Aufforderung, diese Wunden zu sehen und zu berühren, eine radikale Alternative dar. Dies ist eine bezwingende Osterbotschaft von Gott, der bewirkt, dass die Wunden aus dem dunklen und unzugänglichen Grab ans Licht kommen, wo sie nahe sind, wo sie berührt, versorgt und verwandelt werden können. Um jedoch „dem ‚Weiterleben' rassifizierter Wunden einen Sinn zu geben", erinnert uns Rambo, dass es „unabdingbar ist,

> die Wunden des Kreuzes und der Auferstehung zusammen zu lesen. Die Wunden der Kreuzigung kehren wieder, nicht um erneut gelebt zu werden, sondern um die Wun-

---

[23] Ebd.

[24] *Rambo,* Resurrecting Wounds, 93.

[25] Ebd., 75–80. Siehe *James H. Cone:* The Cross and the Lynching Tree, Maryknoll, NY 2011; *Willie James Jennings:* The Christian Imagination: Theology and the Origins of Race, New Haven 2010; *Takatso Alfred Mofokeng:* The Crucified Among the Crossbearers: Towards a Black Christology, Kampen 1983.

den zum Vorschein zu bringen, die durch das fortwährende Dasein der Kreuze der Geschichte unsichtbar gemacht worden sind. Die Dynamiken, die wirksam sind, um die Wunden zum Vorschein zu bringen, sind komplex, und sie erfordern es, sich durch Verleugnung, Angst und das heimtückische Wirken von Privilegien durchzuarbeiten".[26]

Auferstehung hat hier befreiende und selbst ermächtigende Implikationen, indem sie es ermöglicht, die Wunden an die Oberfläche zu bringen, um sie zu verwandeln und zu heilen und eine veränderte Beziehung zur Vergangenheit zu ermöglichen, die die Gegenwart befreit und die Hoffnung auf eine versöhnte Zukunft wiederbelebt.

Ein solches Verarbeiten von Verleugnung, Angst und Privilegien, um zu einer größeren Erkenntnis und vielleicht zu einer Versöhnung zu gelangen, kann sehr schmerzhaft sein. So wie Thomas und die anderen Jünger mit ihrer eigenen Komplizenschaft an der Verwundung Jesu konfrontiert wurden, als Jesus ihnen seine Wunden zeigte, so wird das Aufdecken und Pflegen der verborgenen Wunde „Rasse" in Südafrika heute nur möglich werden durch die Konfrontation und die Beschäftigung mit schmerzhaften Gefühlen von Scham, Schuld, Verlust und Verrat. In diesem Sinne schließe ich mit einigen Bemerkungen darüber, wie auferstehende Wunden in meiner eigenen Kirche, der Niederländisch-reformierten Kirche in Südafrika (DRCSA), Zeugnis ablegen können.

4. Auferstehende Wunden in der Niederländisch-reformierten Kirche in Südafrika?

Der Ruf an die Gemeinden, am Leben der *missio Dei* teilzunehmen, indem sie missionarische Gemeinschaften werden, ist in den letzten Jahren in der DRCSA und der weltweiten Ökumene ein verbreitetes und einflussreiches Diskussionsthema gewesen. Oft wird in diesem Diskurs die Metapher des „Grenzen überschreiten" verwendet, um Gemeinden in ihrer Antwort auf diesen missionarischen Aufruf zu motivieren und zu orientieren. Christ*innen werden dazu ermutigt, (wirkliche und imaginäre) Grenzen zu überschreiten und damit das missionarische Leben des dreieinen Gottes nachzuahmen, der immerzu Grenzen überschreitet, um im Namen der Liebe und Gerechtigkeit Gemeinschaft zu stiften, zu heilen und zu nähren und ungerechte gesellschaftliche Strukturen infrage zu stellen.

---

[26] *Rambo,* Resurrecting Wounds, 79.

Cobus van Wyngaard hat darauf verwiesen, dass dieser Diskurs des Grenzenüberschreitens in der DRCSA auch zu einem wichtigen Instrument geworden ist, um das Weißsein in einem Kontext nach der Apartheid zu reimaginieren.[27] Trotz guter Absichten können grenzüberschreitende Praktiken (oft in Form von Wohltätigkeit für Menschen, die arm und schwarz sind) unbeabsichtigt dazu dienen, Vorstellungen von Weißsein zu vertiefen, in dem Sinne, dass denen, die weiß sind, die ganze Welt zugänglich ist, während der Zugang zu den weißen Enklaven (wie weißen Vororte und geschlossenen Wohnanlagen) weiterhin sorgfältig kontrolliert wird. Selbst wenn die grenzüberschreitenden Praktiken darauf abzielen, anderen zuzuhören und von ihnen zu lernen, bleiben weiße Personen üblicherweise die Akteure, die entscheiden, welche Grenzen überschritten werden und welchen Stimmen zugehört wird.[28]

In dem Maße, wie der Diskurs und die Praxis des Grenzüberschreitens oft darin versagt, die verborgene Wunde der Rasse und des Rassismus anzusprechen, besteht die Gefahr, dass sie eine theologische ausgefeilte Form des Überdeckens der verborgenen Wunde werden und so das tiefgehende Engagement und die schmerzhafte Begegnung gerade verhindern, die dazugehören, wenn man zulassen will, dass die Wunden an die Oberfläche treten. So gesehen ist das Bild von Jesu, der verschwiegene und unterdrückte Wunden in einen abgeschlossenen Raum bringt, um einen Prozess des Verarbeitens der Wunden unter seinen erschreckten Jüngern anzustoßen, ein eindrücklicher Kontrast zu dem Bild weißer Gemeinden, die tapfer Grenzen überschreiten, um anderen Heilung zu bringen. Als ein auffordernder Text – wie der Eine seine Jünger aussendet, „wie mich der Vater ihn gesandt hat", legt der Bericht des Johannes nahe, dass eine missionarische Gemeinde zu sein auch bedeutet, Gemeinschaften zu fördern, die befähigt sind, Wunden in der Gegenwart des auferstandenen Christus willkommen zu heißen, die die Wunden selbst Zeugnis ablegen lassen für die Übeltaten der Vergangenheit, aber auch für die fortdauernden Übel, die in der Gegenwart aufgedeckt und berichtigt werden müssen.

Anstatt zu fragen, „welche Grenze bin ich aufgerufen zu überschreiten?" sollten weiße Personen und Gruppen die viel dringendere Frage stellen: „Welche Wunden kommen am Leib Christi zum Vorschein? Was hindert mich/uns, den verwundeten Christus zu sehen und von ihm berührt zu werden in denen, die verwundet sind, einschließlich meiner/unser

---

[27] *Cobus van Wyngaard:* White Christians Crossing Borders: Between Perpetuation and Transformation; in: *Lucy Michael/Samantha Schulz* (eds.): Unsettling Whiteness, Oxford 2014, 191–202.

[28] Ebd., 196–97.

selbst? Welche Steine rollt der wiederauferstehende Gott zur Seite, um Zeugnis abzulegen von der weiterhin stattfindenden Verwundung der Schöpfung Gottes und daher Gottes selbst? Wie kann mein eigenes Verwundetsein Gottes heilendem Werk dienen?"

An diesem Punkt ist eine Warnung angebracht. Wunden, wie alle Phänomene, bedürfen der fortwährenden Interpretation und theologischen Unterscheidung. Eine wichtige theologische Unterscheidung, wenn man von den Wunden spricht, die am Leib Christi zum Vorschein kommen, ist die zwischen dem allgemeinen Leiden der Menschheit und dem Leiden „um Christi und des Evangeliums willen". Die Wunden, die am Leib des auferstandenen Jesu zum Vorschein kommen, haben eine besondere Bedeutung als *„stigmata"*, als vom Skandal des Kreuzes davongetragene Wundmale, Wunden der Verfolgung, die Jesus als Folge seines Gehorsams gegenüber dem Weg der selbsthingebenden Liebe und der bedingungslosen Gnade erlitt. Nur in diesem christologischen Licht, im Kontext der Jüngerschaft, sollte das Tragen des Kreuzes und die Selbstverleugnung verstanden werden, und niemals als die Romantisierung von Wunden oder die theologische Rechtfertigung weiterhin bestehenden Leidens.

Der Aufruf in der DRCSA, an der „Verarbeitung von Wunden" teilzuhaben, sollte darum nicht mit einer diffusen Bejahung des Verwundetseins aller Menschen verwechselt werden oder mit der Aneignung eines Opferstatus in einem versteckten Versuch, in einer veränderten politischen Landschaft Macht zu gewinnen oder zu erhalten. Vielmehr sollte die Einladung, die Stigmata an Jesu auferstandenem Leib zu sehen und zu berühren als ein Aufruf zur Jüngerschaft gehört werden, als Aufruf zur Teilhabe am Skandal des Kreuzes (der den Skandal der wiederauferstandenen Wunden einschließt!), als Konsequenz, von Jesus gesandt worden zu sein, „wie mich der Vater gesandt hat". Insbesondere beinhaltet dies die Erkenntnis, dass die Verarbeitung von Wunden, die heute von den weißen Menschen in Südafrika zu fordern ist, wahrscheinlich ein teures Unterfangen ist, das Selbstverleugnung und, aufgrund seiner gegenkulturellen Natur, Ausgrenzung und sogar Verfolgung mit einschließt.

Schließlich beleuchtet Rambo auch im Blick auf das wichtige Werk von Michael Rothberg, wie Wunden oft im Rahmen einer Logik des Wettbewerbs zum Vorschein kommen, in dem sie „miteinander um einen Rang auf dem Marktplatz der Erinnerung wetteifern".[29] Wettbewerb um begrenzte Aufmerksamkeit und Ressourcen im öffentlichen Raum schafft eine

---

[29]   *Rambo,* Resurrecting Wounds, 95.

bedrückende Atmosphäre, in der Leidenserfahrungen gegeneinander antre-
ten. Manchmal führt dieses kompetitive Umfeld sogar zum Entstehen einer
„Hierarchie des Leidens", die die nicht vergleichbare Einzigartigkeit jeder
Leidenserfahrung missachtet. Als Folge davon können oder dürfen manche
Wunden niemals zum Vorschein kommen, und wenn sie es doch tun, dann
nur auf exklusivistische Weise, die das Leiden anderer abwertet und die
Vergangenheit von der Möglichkeit abschottet, verwandelt oder auf *andere*
Weise erinnert zu werden.

Als Alternative zu den Wettbewerbsformen der Erinnerung schlägt
Rothberg ein Modell der „multidirektionalen Erinnerung" vor, die „verschiedene räumliche, zeitliche und kulturelle Orte überkreuzt und zusam-
menbindet", um erkennen zu können, wie Leidensgeschichten miteinander verbunden und „Gegenstand fortwährender Querverweise und
Entlehnungen" sind.[30] Wunden müssen nicht miteinander wetteifern, sie
können sich auch überschneiden. Rambo bemerkt dazu im Blick auf die
auferstandenen Wunden Christi:

> „Wenn der auferstandene Jesus erscheint, bilden seine Wunden einen Ort der Über-
> kreuzung, nicht indem die Erinnerung an Überkreuzungen ausgelöscht wird, son-
> dern indem Erinnerungen zusammengebracht werden, nicht um sie auszulöschen,
> indem sie in eins gefasst werden, sondern indem Raum geschaffen wird für ver-
> schiedene festzuhaltende Geschichten … Das Bild der Wunden, die in die Sphäre des
> Lebens zurückkehren, ist ein evokatives Symbol für die Rückkehr und potenzielle
> Überkreuzung von Leidensgeschichten in unserer Gegenwart. Das ist eine Über-
> kreuzung, in der Vergangenheiten sich treffen, einander durchqueren und mögli-
> cherweise verwandeln. Leidensgeschichten können aufeinandertreffen, um sich
> gegenseitig aufzuheben, oder sie können einander begegnen, um zu entdecken, dass
> sie sich auf einer gewissen Ebene berühren."[31]

Mit diesen Worten kehren wir in gewisser Weise zu Ramphosas Zu-
sammennähen der Wunden von Jesus, Mama Winnie und „der uns allen
zugefügten Wunden" zurück. Es ist eine der Folgen des Wettbewerbskli-
mas, in dem Wunden in Südafrika gewöhnlich zum Vorschein kommen,
dass weiße Menschen Schwierigkeiten damit haben, zuzugestehen, dass
die verborgene Wunde der Apartheid auch *unsere* Wunde ist, dass die
Apartheid *uns allen* Wunden geschlagen hat. Solche „großzügigen Akte
der Erinnerung" wie in Ramaphosas Trauerrede haben jedoch die Kraft,
diese bedrückende Atmosphäre des Misstrauens und des Verdachts zu

---

[30] Zitiert in *Rambo,* Resurrecting Wounds, 96.
[31] Ebd., 98.

durchschneiden, um aufzuzeigen, wie unsere Wunden, über alle „rassischen" Unterschiede hinweg, sich auf einer gewissen Ebene berühren.[32] Aus diesem Grund beinhaltet Gottes Auferstehenlassen von Wunden aus kalten, isolierten Gräbern in Gemeinschaften von großzügiger Erinnerung hinein ein großes Versprechen, auch für die DRCSA, wenn wir nach angemessenen Formen des Zeugnisses für Christi Versöhnung suchen. Denn durch das *Berühren* werden die Wunden verwandelt von Instrumenten der Apartheid zu Überbringern von Heilung und neuer Gemeinschaft.

Übersetzung aus dem Englischen: Dr. Wolfgang Neumann

---

[32] Vgl. *Rothberg,* Multidirectional Memory, 132.

Neuformulierung der Welt: Auf dem Weg zu einer wirklichen christlichen Schöpfungslehre

Willie James Jennings[1]

Einführung

Christliche Schöpfungstheologien sind in einer Krise. Sie haben sich allzu sehr von Fragen nach dem Ursprung des Menschen und von der Auseinandersetzung mit Evolutionstheorien bestimmen lassen. Sie waren auch zu kurzsichtig auf ökologische Belange fokussiert, ohne dabei über die geschaffene Umwelt ganzheitlich und ihre Beziehung zur „rassischen" und genderspezifischen Formierung und artenübergreifenden Konnektivität zu reflektieren. Diese Probleme rühren von einem zweifachen Versäumnis her. Wir haben versäumt, den Verlust unserer heidnischen Positionalität hinsichtlich unseres Lesens der Welt als Schöpfung ernst zu nehmen, und wir haben versäumt zu erfassen, wie grundlegend die Schöpfung mit dem Aufkommen des modernen Kolonialismus transformiert worden ist. Dieser Aufsatz schlägt eine Neuformulierung der Schöpfungslehre vor, um diese Krise zu bewältigen.

1. Aufgabe einer heutigen christlichen Schöpfungslehre

Was wäre die Aufgabe einer heutigen christlichen Schöpfungslehre? Ich stelle diese Frage, um unser Denken über eine christliche Schöpfungs-

---

[1]   Willie James Jennings ist ein US-amerikanischer Theologe, der für seine Beiträge zu Befreiungstheologien, kulturellen Identitäten und theologischer Anthropologie bekannt ist. Zurzeit ist er Dozent für Systematische Theologie und Afrikanistik an der Yale University in New Haven.

lehre in einer Zeit nach dem kolonialen Moment und dessen tiefgreifenden Auswirkungen auf die Welt neu zu justieren. Mit der sogenannten Epoche der modernen Erkundung der Erde, eng verbunden mit dem Aufkommen des modernen Sklavenhandels, ging eine Transformation der Welt einher. Das ist nichts Neues. Aber die christliche Theologie und die christliche Schöpfungslehre im Besonderen stehen noch vor der Aufgabe, diese Transformation der Welt in Gänze zur Kenntnis zu nehmen.

In den meisten Fällen steht die theologische Formulierung der Schöpfungslehre in einer ununterbrochenen konzeptionellen Linie, von den antiken theologischen Autoren über die Denker des Mittelalters, gefolgt von den Intellektuellen der frühen Neuzeit und der Moderne, bis zur Gegenwart. Es gibt natürlich wichtige Punkte der Kontinuität, die wesentlich für das christliche Bekenntnis gewesen sind, und es gibt immerwährende Herausforderungen, auf die in der Ausgestaltung dieser Lehre immer eingegangen werden muss. Da wäre zum Beispiel die Beziehung und der Unterschied zwischen Schöpfer und Geschöpf, oder die Konzepte Zeit und Ewigkeit, der Ursprung der Welt, oder die Frage der göttlichen Vorsehung. Es hat aber auch bedeutende Veränderungen und Neukonzeptionen gegeben.

Die Kontinuitäten und Neuerungen sind innerhalb der Transformation der Welt verankert, die in bedeutendem Maße von Christ*innen bestimmt worden ist. Wir saßen an den Töpferscheiben und haben den Lehm in unseren Händen ruiniert. Wir haben seit dem 15. Jahrhundert die Welt verändert, aber christliche Schöpfungslehren haben diesem Wandel nicht Rechnung getragen, obwohl sie an diesem Wandel entscheidend beteiligt waren. Wie ein wichtiges Enzym, das auf der organischen Ebene als Katalysator wirkt, haben Christen die Welt und die Körper – und auf diese Weise das Denken selbst – neu ausgerichtet. Sie gaben ihm die Form einer auf die Welt einwirkenden Handlung statt einer Handlung der Welt. Die Mehrzahl der Schöpfungstheorien zeigen uns nicht, wie dieser Wandel zu empfinden wäre.

Dieser Aufsatz unternimmt Schritte zu einer Neuformulierung einer Schöpfungslehre. Ich werde versuchen, den christlichen Charakter einer Sicht der Welt einzufangen, die sich ganz im Einklang mit der Wirklichkeit des Geschöpfseins befindet. Ich werde zuerst kurz darstellen, wie es dazu kam, dass die christliche Schöpfungslehre eine falsche Richtung einschlug, dann zweitens erörtern, wie diese falsche Richtung schließlich die Transformation der Welt mit formte und wie dies wiederum Rückwirkungen hatte auf die Auswirkungen auf die Welt. Drittens werde ich Vorschläge machen, wie diese Lehre in der Wirklichkeit unserer Geschöpflichkeit und den daraus erwachsenden Verbindungsformen neu gefasst werden könnte.

Dies ist nur ein kleiner Teil eines großen, ehrgeizigen Projekts der Neuformulierung einer christlichen Schöpfungslehre für die gegenwärtige Zeit. Ich bin davon überzeugt, dass die gegenwärtigen Strukturen, innerhalb derer Schöpfungslehren artikuliert und angewandt werden, einfach nicht das riesige Ausmaß an Themen und Fragen erfassen, die diese Lehre zu behandeln hat, nicht nur hinsichtlich Fragen der Ökologie, Evolution und Geografie, sondern auch hinsichtlich Fragen der menschlichen Identität und Formen der Zugehörigkeit. Es ist auch so, dass die Unterscheidung zwischen Schöpfungslehre und einer theologischen Anthropologie, obwohl pädagogisch sinnvoll, heute mehr verwirrt als verdeutlicht. Die christliche Theologie hat zwischen der Menschheit und dem Rest der Schöpfung unterschieden; dies hat in der Moderne zu einer konzeptionellen Trennung zwischen Natur und Kultur geführt, die sich in der Trennung von Natur- und Geisteswissenschaften widerspiegelt. Sie lebt aus der kolonialen imperialistischen Denkweise, in der eine weiße/westliche/männliche Wissenschaft einem nicht-weißen/nicht-westlichen/weiblichen/indigenen Wissen gegenübersteht.

Es ist nicht mein Ziel, diese Trennungen zu analysieren. Vielmehr möchte ich die Transformation der Welt durch christliches Handeln skizzieren. Warum sollte sich eine christliche Schöpfungslehre mit der kolonialen Transformation der Welt beschäftigen? Es gibt dafür drei wichtige Gründe: 1. Christliche Schöpfungslehren tragen bereits die tiefgreifenden Auswirkungen der kolonialen Transformation der Welt und ihrer Geschöpfe in sich. Insbesondere prägen sie die Art und Weise, wie wir die Welt wahrnehmen und unsere Handlungen und Wechselbeziehungen mit ihr gestalten. 2. Die Transformation der Welt geschah innerhalb und vermittels der historischen Entfaltung der christlichen Lehre, insbesondere aufgrund unserer Sicht der Schöpfung. Viele Menschen versuchen gegenwärtig, die konzeptuelle Architektur und strukturelle Dynamik zu verstehen, die unsere Manipulation, Ausbeutung und Nutzung der Welt, der Tiere und menschlichen Körper bestimmen. Sie müssen dabei auch und gerade den Zusammenhang dieser Phänomene mit den grundlegenden intellektuellen und materiellen Einwirkungen des Christentums auf die „Neue Welt" erkennen. 3. Es ist intellektuell verantwortungslos, christliche Schöpfungslehren weiterhin ohne Berücksichtigung dieser Transformation darzustellen. Das erschwert es, sich den tiefgreifenden Herausforderungen zu stellen, denen wir uns gegenübersehen, wenn wir ernst nehmen, dass die Welt eine Schöpfung und wir selbst Geschöpfe sind und der dreieinige Gott der Schöpfer.

Diese Gründe folgen nur bedingt dem konzeptuellen Ansatz der bekannten Kritik am Christentum, die z.B. Lynn White Jr. in den 1960er Jahren geäußert hat.[2] Weit näher stehen sie den Auffassungen von Vine Deloria Jr., die dieser in seinem berühmten Buch *God is Red: A Native View of Religion* formuliert hat.[3] Allerdings gehen meine Anliegen hier über die von White und Deloria hinaus. Es geht mir um die Diagnose und Behandlung einer Deformation. Sie hat unser Gespür für unsere Geschöpflichkeit ausgehöhlt und die Welt auf eine leblose oder kaum lebendige Ressource zu unserem Gebrauch reduziert. Wie ich in *The Christian Imagination* dargestellt habe,[4] haben wir die Welt als Schöpfung verloren, als eine neue Sicht der Welt und der Menschen aufkam, die deren Identität von der Erde, den Tieren und ihrer Umwelt losgelöst hat. Diese neue Sichtweise schuf zwei sich gegenseitig verstärkende Formen der Abgrenzung: das neuweltliche Privateigentum und die rassische Existenz. Das sind zwei Seiten derselben Medaille. Die eine kann in ihren Auswirkungen auf die Deformation der neuen Welt nicht verstanden werden ohne die andere. Diese Tatsache wird weiterhin von einer Vielzahl von Forscherinnen und Forschern nicht gesehen. Die Rasse ist im Wesentlichen eine Frage der Geografie. Der Begriff der Rasse entstand in Gebieten räumlicher Abgrenzung. Diese räumliche Abgrenzung wiederum bildete in uns ein geografisches Unbewusstes heraus, das nicht nur eine Vorstellung von Rasse nach sich zieht, sondern das gegenüber Ort, Pflanzen, Tieren und der Erde desensibilisiert.[5] *Rassische Identität ist ein imaginierter, abgegrenzter Bereich, der sich materialisiert in der Transformation der Welt in eine nichtkommunikative und unbelebte Wirklichkeit, realisiert durch ihre Fragmentierung und Kommerzialisierung.* Die konzeptuellen und materiellen Operationen, die diese Vorstellung von Körper und Land ermöglicht haben, bildeten sich innerhalb einer christlichen Schöpfungslehre heraus, an deren Anfang eine neue Lesart der Welt stand, eine substitutionstheologische Lesart.

---

2 *Lynn White Jr.:* The Historical Roots of Our Ecological Crisis, Neuabdruck in: *Ken Hiltner* (ed.): Ecocriticism: The Essential Reader, New York 2015, 39–46.

3 *Vine Deloria Jr.:* God is Red: A Native View of Religion, 30th Anniversary Edition, Colorado 2003; (dt. Übersetzung: Gott ist rot. Eine indianische Provokation, München 1984, Neuauflage: Göttingen 1996). Das Werk Delorias ist von bleibender Bedeutung und wird leider von allzu vielen christlichen Theologen nicht zur Kenntnis genommen.

4 Vgl. *Willie J. Jennings:* The Christian Imagination. Theology and the Origins of Race; New Haven 2010.

5 Mit dem Begriff geografisches Unbewusstes beziehe ich mich auf eine ähnliche Vorstellung, die sich in dem klassischen Text von *Frederic Jameson:* The Political Unconscious: Narrative as a Socially Symbolic Act, Ithaca, New York 1981, findet. Vgl. *Clint Burnham:* The Jamesonian Unconscious: The Aesthetics of Marxist Theory, Durham 1995, 76–144.

Der historische Vorläufer, der die Transformation der neuen Welt möglich machte, ist das Problem der Substitution. Die Substitutionstheologie vertritt die Lehre, dass das Christentum und die Kirche Israel als das erwählte Volk ersetzt haben.[6] Es handelt sich dabei aber um mehr als nur eine Vorstellung, die im christlichen Denken vorkommt und verbreitet ist. Sie bildet einen Rahmen, innerhalb dessen sich christliches Denken und christliche Praxis entwickelt. Die Substitutionstheologie entwickelte sich im Zusammenspiel von Lehrentwicklungen und sozialen und politischen Entscheidungen, die das Judentum unerbittlich auf die Seite der Ablehnung und das Christentum auf die Seite der Erwählung platzierten. Diese Vertauschung des Heidnischen mit dem Jüdischen ist eine historische Tatsache, die in den geschichtlichen Lehrdarstellungen noch nicht genügend reflektiert wird. In unserem Zusammenhang geht es um ihre Auswirkungen auf die christliche Schöpfungslehre.

Nehmen wir als Beispiel die wichtigen Darlegungen von Melito von Sardes (gest. um 190), der ein jüdischer Konvertit zum Christentum und einflussreicher Bischof war und uns unter anderem den bedeutenden Text *Peri Pascha* hinterlassen hat; ein Text, der zur Festlegung wichtiger Aspekte der Liturgie beitrug und tiefgehende Meditationen über die Opfernatur des Lebens Jesu enthält. Melito war einer der bekanntesten Quartodezimaner, die das Osterfest stets wie das jüdische Pessachfest am 14. Tag des Monats Nisan feierten.[7] Melito ist auch bekannt für seine ausgesprochen antijüdischen Gefühle, die in seinen theologischen Überlegungen zutage treten. Fairerweise könnte man diese Gefühlsäußerungen im Kontext langer interner theologischer Konflikte sehen, die bis auf die Evangelien zurückreichen. Das mindert aber nicht die Wirkungsmacht einer entstehenden Entwicklungslinie, die wir hier finden. Melito ist nicht der Urheber dieser Entwicklung, aber er vertritt sie in seiner theologisch-poetischen Sichtweise. Als er feststellt, dass Jesus durch Israels Hand umgekommen ist, bemerkt er, was sie nicht sehen können, dass er ihr Schöpfer ist.

---

[6] Ausführlicher zum Problem der Substitutionstheologie und ihrer Verbindung zur kolonialistischen Welt vgl. *Jennings*, Christian Imagination, Kap. 1.

[7] *Stuart George Hall* (ed.): Melito of Sardis. On Pascha and Fragments, Oxford 1979, XI–XX. Siehe auch *Alistair Steward-Sykes*: Melito of Sardis. On Pascha with the Fragments of Melito and Other Materials Related to the Quartodecimans, Crestwood, NY, 2001, 1–9. (Dt. Übersetzung: Vom Passa. Die älteste christliche Osterpredigt. [Von] Meliton von Sardes, übersetzt, eingeleitet und kommentiert von Josef Blank, Freiburg i. Br. 1963).

[81.]
O du gesetzloses Israel,
warum tatest du dieses unerhörte Unrecht,
indem du deinen Herrn in unerhörte Leiden stürztest,
deinen Herrn,
der dich gebildet,
der dich gemacht,
der dich geehrt,
der dich Israel genannt hat?

[82.]
Du aber wurdest nicht als Israel erfunden,
denn du hast Gott nicht gesehen;
du hast den Herrn nicht erkannt,
du hast, o Israel, nicht gewusst,
dass dieser der Erstgeborene Gottes ist,
der vor dem Morgenstern gezeugt wurde,
der das Licht aufgehen lässt,
der den Tag erleuchtet,
der die Finsternis schied,
der die erste Schranke setzte,
der die Erde auffing,
der den Abgrund bändigte,
der das Gewölbe ausspannte,
der den Kosmos ordnete,

[83.]
der die Sterne am Himmel in Bewegung setzte,
der die Lichter strahlen lässt,
der die Engel im Himmel machte,
der dort Throne aufstellte,
der auf Erden den Menschen bildete.

Die christologische Ausformung der Identität des Schöpfers ist hier klar formuliert, sie bezieht sich auf das Johannesevangelium und andere Quellen.[8] Melito rahmt die Schöpfung in das Leben Jesu, als Jesu eigenes Werk. Er folgt hier Gedankenlinien, die aus dem Neuen Testament stammen, zwängt aber auch etwas in seine poetischen Improvisationen hinein. Er präsentiert uns einen epistemologischen Bruch mit Israel, ausgelöst durch dessen Mordtat. Israels Verbrechen offenbart, dass es den Schöpfer nicht erkennen und dass es folglich auch die Schöpfung nicht als Gottes Schöpfung erkennen kann.

---

[8]   *Steward-Sykes,* Melito of Sardis, On Pascha, 60. *Hall* (ed.), Melito of Sardis, On Pascha and Fragments, 45–47.

[94.]
Höret es, alle Geschlechter der Völker
und sehet:
Unerhörter Mord geschah inmitten Jerusalems
in der Stadt des Gesetzes,
in der Stadt der Hebräer,
in der Stadt der Propheten,
in der Stadt, die für gerecht galt!
Und wer wurde gemordet?
Wer ist der Mörder?
Ich schäme mich, es zu sagen
und bin doch gezwungen, es zu sagen. ...

[95.]
...
doch höret mit Zittern,
um wessentwillen die Erde erzitterte:

[96.]
Der die Erde aufhing, ist aufgehängt worden;
Der die Himmel festmachte, ist festgemacht worden;
Der das All festigte, ist am Holze befestigt worden.
Der Herr – ist geschmäht worden;
Der Gott – ist getötet worden;
Der König Israels – ist beseitigt worden von Israels Hand.

An einem bestimmten Ort ist derjenige, der alle Orte geschaffen hat, der alles Bestehende geschaffen hat, durch die israelische Gewalt ermordet worden. Melito fügt sich in eine Entwicklungslinie ein, die über Jahrhunderte wachsen wird, in der sich die Vorstellung einer eingebildeten jüdischen Unwissenheit und einer christlichen (heidnischen) Erkenntnis des Schöpfers und der Schöpfung vertieft. Melito wendet eine christologische Erkenntnis gegen Israel und verdrängt es von seinem Platz als erster Leser. Die Juden sind für ihn nicht mehr die ersten, die die Welt als Schöpfung ihres eigenen Gottes gesehen, die als erste die Identität dieses Schöpfers und ihre Identität als Geschöpfe geltend gemacht haben.

Israel rückt auf den zweiten Platz, die christliche Lesepraxis wird verschoben, sodass von ihr die Schrift und die Welt aus der Position des ersten Lesers aufgenommen wird, als ob die Heidenchristen die ersten Augen wären, die das Wort Gottes in der Realität des täglichen Lebens wahrnähmen, in Nahrung, Wasser, Tieren, Erde und Himmel, die alle die Schöpfung sichtbar werden lassen. Das bedeutet, dass wir diejenigen waren, die tatsächlich die Identität Gottes als unseres Schöpfers erkannten, und folglich die einzigen, die die Welt als Gottes Schöpfung sehen konnten. Wie ich an anderer Stelle ausgeführt habe, bedeutete dies die christliche Zurückweisung unserer Identität als dem Volk Israel und seinen Verheißungen angegliederte Heiden, die Zurückweisung unserer Stellung als zweite Leser.[9] – Die enorme Problematik dieser Substitution ist kaum in der christlichen Schöpfungstheologie registriert worden. Es gibt dafür einen wichtigen historischen Grund: Die das christliche Denken und die christliche Praxis prägende Substitutionstheologie hat sich so tief in die Schöpfungslehren eingeschrieben, dass sie eine nicht vermittelte Sicht der Welt als Gottes Schöpfung formte.

Christliche Schöpfungslehren sind, ungeachtet ihrer theologischen oder kirchlichen Tradition, zum großen Teil von substitutionstheologischen Konzepten geprägt. Tatsächlich würde den meisten nichts fehlen, wenn es kein Israel genanntes Volk gäbe und Israel im spezifisch christlichen Teil der Schrift nicht genannt würde. Dies trifft insbesondere auf Darstellungen der Schöpfung zu, die auf eine sinnvolle Verknüpfung mit evolutionistischen Theorien bedacht sind. Für die meisten dieser auf ihre Art wichtigen und fruchtbaren theologischen Beiträge sind Israel und ein die Implikationen einer heidnischen Existenz aufnehmendes Denken nicht wichtig.[10]

Die christliche Evolutionstheoriebildung ist nur ein Beispiel für dieses substitutionstheologische Problem. Für fast alle Schöpfungslehren gilt, dass Israel in ihren Lehraussagen in einer von zwei Formen vorkommt: entweder als historische Gegebenheit oder als Ressource. In der historischen Form ist Israel der entscheidende historische Vorläufer, der es ermöglicht, unser Bemühen Gottes Schöpfung zu verstehen, vermittels der spezifischen Deutung dieses alten Volkes von Gott und Welt zu verorten. Diese Form sieht in Israel den historischen Vorläufer, auf den unsere christlichen Reflexionen über das Wesen der Welt als Schöpfung und Gott als Schöpfer aufbauen. Als Ressource betrachtet, verschwindet Israel als Volk völlig, und wir wenden unsere Aufmerksamkeit auf die heiligen Schriften Israels, die uns eine Reihe von Darstellungen von Gott und der Welt überliefern, auf die unsere christlichen Konzepte aufbauen können. Alles ist bei beiden Formen da – die Schrift, die Tradition, die Erfahrung, das Denken – außer dem einen Entscheidenden, dem Drama der Ausschließung Israels durch die Heiden.

[9] *Jennings,* The Christian Imagination, 250–259.
[10] Siehe z. B. die folgenden drei neueren wichtigen Publikationen, die alle auf schmerzliche Weise diese Problematik verdeutlichen. *William T. Cavanaugh/James K. A. Smith:* Evolution and the Fall, Grand Rapids 2017; *Christopher Southgate:* The Groaning of Creation: God, Evolution and the Problem of Evil, Louisville 2008; *Celia Deane-Drummond:* The Wisdom of the Liminal: Evolution and Other Animals in Human Becoming, Grand Rapids 2014. Diese Texte sind Beispiele für ein sehr viel umfassenderes Problem, das ihren Wert und ihre Erkenntnisse nicht schmälert.

Es macht wenig Sinn, dass wir Christen Menschen sind, die in die Geschichten anderer Menschen eingetreten sind und auf diese Weise die komplexe Anstrengung unternommen haben, einen Gott und die Schöpfung dieses Gottes als zweite Leser zu erkennen. Diese Formen enthalten Elemente, die für jede christliche Schöpfungslehre als authentisch gelten können, aber sie verlieren eben das aus den Augen, was eine Artikulation der Schöpfungslehre leisten muss: uns als Geschöpfe zu situieren, die sich in einem *Prozess des sich Verbindens* mit anderen Geschöpfen befinden in und durch das Leben mit Gott, wobei wir fortwährend *zweite Lesungen* ausführen, die sich mit und innerhalb der Art und Weise ausbilden, wie andere die Schöpfung sehen. *Eine zweite Lesung ist in dieser Hinsicht das Verhalten eines Geschöpfs, das aufmerksam auf Leben und Verhalten anderer Geschöpfe achtet und auf sie hört und von ihnen lernt, was die Realität dieser Welt und Gottes Leben mit dieser Welt betrifft.* Dies ist ein Prozess, der tiefgreifend von der Pädagogik des sich Verbindens bestimmt wird, die wir lernen, wenn wir als Heiden in die Geschichte Israels eintreten. Es ist zudem eine Pädagogik, die dem biblischen Israel im Neuen Testament angeboten wurde, mit der darin ausgesprochenen Einladung, am Leben der Heiden auf eine neue und revolutionär innige Weise teilzunehmen.

Für unser Thema ist wichtig, was eine unvermittelte Sicht der Welt als Schöpfung für die Ausbildung einer christlichen Weltsicht bedeutet. Die gravierendsten Auswirkungen dieser Sicht zeigten sich, als Christen die Bühne des Kolonialismus betraten. Es gibt einen weiteren Aspekt, der einer Aufmerksamkeit und Analyse im Blick auf Schöpfungstheologien bedarf: die Entstehung einer Theologie der Extrahierung und was diese Theologie für die Welt bedeutet, ihren Tod als beseelte und kommunikative Realität für Christen und so viele andere.

3. Der Tod der Welt: Die Entstehung einer Theologie der Extrahierung

Als die Menschen der Alten Welt auf die Neue Welt stießen, stellten sie sich vor, sie sei noch unberührt und bereit, eingenommen zu werden, wie Carolyn Merchant es so prägnant sagte.[11] Das Gleiche haben auch viele andere Historiker und Theologen gesagt. Aber einer gründlichen Ana-

---

[11] Vgl. *Carolyn Merchant:* Reinventing Eden: The Fate of Nature in Western Culture, New York 2003, 110–156. Siehe auch *Carolyn Merchant:* The Death of Nature: Women, Ecology and the Scientific Revolution, New York 1980.

lyse ist entgangen, was diese Sichtweise bei den Menschen, Pflanzen, Tieren, der Erde, dem Wasser und dem Himmel der Neuen Welt auslöste. José de Acosta (1539/40–1600) gibt uns in seinem damals innovativen Werk *The Natural and Moral History of the Indies* einen Einblick in die gebieterische imperiale Macht dieser Sichtweise.[12] Acosta lässt eine christliche Sicht der Neuen Welt erkennen, die einerseits von der Vorstellung einer vorfindlichen dämonischen Besessenheit ausgeht und andererseits die Welt mit Gier betrachtet.[13] Acosta lebte und wirkte im kolonialen Peru und stellte sich vor, dass Gott die natürlichen Ressourcen des Landes dazu benutzte, um die Spanier anzulocken, so wie ein Vater seine hässliche Tochter verheiraten würde.[14] Koloniale Begierde wird eins mit christlichem Streben, nicht durch Menschenwillen, sondern durch Gott.

Acosta glaubte, dass die Indianer das Land nicht als Gottes Schöpfung erkannten oder verstanden, weil sie den Schöpfer nicht als den dreieinigen Gott kannten. Diese grundlegende Tatsache wurde für Acosta und so viele andere Missionare der Neuen Welt durch zwei fundamentale Gegebenheiten unterstützt. Die Indianer waren beherrscht und unterdrückt durch Dämonen, was sich vor allem in ihrer zutiefst verwirrten Sicht der Welt zeigte. Sie glaubten, dass Pflanzen, Tiere, Erde, Himmel, Wasser und alle Orte stark beseelt und kommunikationsfähig seien, dass sie mit ihnen eine Familie bildeten, mit ihnen verwandt waren und in Beziehung standen. Nach Acosta ist dies eine Verwirrung aufgrund dämonischen Einflusses, der sie zu Götzendienern hatte werden lassen.

„Und als also die Götzenverehrung im besten und edelsten Teil der Welt [der alten Welt] ausgerottet war, zog sich der Teufel zu den abgelegensten Orten zurück und herrscht in diesem anderen Teil der Welt, der, obwohl er an Adel unterlegen ist, dies jedoch nicht ist, was die Größe und Ausdehnung betrifft [...] der Teufel hat den Götzendienst so sehr in allen heidnischen Ländern ermutigt, dass man kaum Menschen antrifft, die keine Götzendiener wären [...] Wir können die Götzenanbetung unter zwei Überschriften einordnen: Eine bezieht sich auf natürliche Dinge und die andere auf vorgestellte oder durch den menschlichen Erfindungsgeist gefertigte Dinge. Die erste teilt sich wiederum in zwei: je nachdem, ob der angebetete Gegenstand allgemeiner Natur ist, wie die Sonne, der Mond, Feuer, Erde und die Elemente, oder ob er besonders ist, wie ein bestimmter Fluss, Baum oder Hügel, eine bestimmte

---

[12]   *José de Acosta:* Natural and Moral History of the Indies, Durham 2002.
[13]   Vgl. *Willie James Jennings:* Binding Landscapes: Secularism, Race, and the Spatial Modern; in: *Jonathan S. Kahn/Vincent W. Lloyd* (ed.): Race and Secularism in America, New York 2016, 207–238.
[14]   *de Acosta,* Natural and Moral History of the Indies, 164. Siehe *Jennings,* The Christian Imagination, 92 f.

Quelle, und wenn diese Dinge in ihrer Besonderheit und nicht ihrer Art nach verehrt werden. Solche Art von Götzendienst war in Peru äußerst verbreitet und wird huaca genannt."[15]

Die Götzenverehrung der Indianer verdeutlicht für Acosta den wirklichen Abstand zwischen ihrem Land und ihrem Leben. Wir können in Acostas Bemerkungen auch eine Art konstruktivistische Position gegenüber den Indianern erkennen. Acosta glaubt, dass sie auf Naturobjekte seelische und subjektive Eigenschaften projizieren, die gar nicht vorhanden sind. Sie sehen etwas in der Welt, was nur in ihrem götzendienerischen Bewusstsein existiert. Ihre Abgötterei zeigt, dass sie die Welt nicht wirklich verstehen. Gott brachte die Spanier nach Peru und an andere Orte, weil Gott wollte, dass die Menschen dort christianisiert würden, und genauso sehr wollte er, dass das Land bebaut würde und Rohstoffe aus der Erde gewonnen würden.

„Aber es ist ein sehr bedenkenswerter Umstand, dass die Weisheit unseres Ewigen Herrn die abgelegensten Teile der Welt bereichert hat, die von den unzivilisiertesten Menschen bewohnt werden, und dass er dorthin die größte jemals existierende Zahl von Bergwerken gelegt hat, um die Menschen einzuladen, diese Länder zu suchen und in Besitz zu nehmen und zugleich ihre Religion und die Anbetung des wahren Gottes jenen Menschen zu lehren, die hier unwissend sind. […] Der Grund, warum es in Westindien (insbesondere in den westindischen Gebieten von Peru) einen so großen Reichtum an Mineralien gibt, liegt, wie ich gesagt habe, im Willen des Schöpfers, der diese Gaben verteilt, wie es ihm beliebt. Aber wenn wir uns auf die Vernunft und die Philosophie stützen, werden wir erkennen, dass das, was Philo schrieb, sehr wahr ist: Er sagte, dass Gold und Silber und andere Metalle natürlicherweise in den ödesten und unfruchtbarsten Gebieten vorkommen […] Seit der Entdeckung dieser westindischen Gebiete ist der Reichtum eben von solchen rauhen und schwierigen und kahlen und öden Orten gezogen worden, aber die Liebe zum Geld macht diese sanft und üppig mit großer Bevölkerung. Und obwohl es in den indischen Landen … Erzadern und Minen von jeglichem Metalle gibt, werden doch nur die Silber- und Goldminen und auch die Minen mit Quecksilber genutzt, welches letztere ja für die Extrahierung von Silber und Gold vonnöten ist."[16]

---

[15] *de Acosta,* Natural and Moral History, 254 f. Die Huacas waren heilige Objekte, die von den kolonialen Missionaren als Idole missverstanden wurden, während sie in Wirklichkeit für die Andenbewohner Orte der Koordination waren: zwischen ihren lebenden oder gestorbenen geliebten Menschen und den Geschichten des Lebens im Land und den agrarischen Praktiken. Siehe *Peter Gose:* Invaders as Ancestors: On the Intercultural Making and Unmaking of Spanish Colonialism in the Andes, Toronto 2008, 94–104.

[16] *de Acosta,* Natural and Moral History of the Indies, 165.

Acosta dachte, dass die Transformation des Landes mit einer Transformation der Einwohner einhergehe. Ein rauhes und dürres Land wird verwandelt in einen fruchtbaren Ort durch die von Gott befohlene Arbeit der Extrahierung. Eine Welt, deren Potentialität in Aktualität überführt wird durch die Taten der Spanier in der Neuen Welt und das Einwirken auf diese Welt. Potentialität impliziert jedoch eine Vision von Leben selbst in embryonaler Form. Aber es ist keine Sicht im Sinne der zutiefst kommunikativen und beseelten Formen, durch die die Andenbewohner das Leben verstanden. Bei christlichen Denkern wie Acosta finden wir zwei gegensätzliche Sichtweisen des „natürlichen" Lebens, die eine ist die kolonialistische (die sich als christliche ausgibt), in der die Welt still und passiv dasitzt und darauf wartet, sich aufzugeben und herzugeben, was in ihr liegt. Nur durch ihr sich-Ergeben und in ihrer Rolle als ein göttliches Geschenk kann ihr Leben gewürdigt werden, indem dieses Leben zur Reife gebracht wird durch Besetzung, Untersuchung, Manipulation, Zerstückelung und Extrahierung.[17] Die andere Sicht des Lebens ist eine, die von Acosta und anderen einflussreichen Kolonialisten bekämpft wird. Diese andere Sicht des Lebens erkennt, dass die Welt niemals still ist, niemals passiv, sondern sich bereits im Zustand der Aktualität befindet. Sie spricht in und durch die Geschöpfe, einschließlich der Menschen, und produziert selbst intelligibles Leben, als Reagens wie als Agens. Leben kann dann nicht abstrakt aufgefasst werden oder aus dem Land oder von Tieren extrahiert werden, denn das wäre schlicht nicht Leben.

Die Erkenntnis dieser Unterschiede in der Lebenssicht ist eindrücklich in verschiedenen Werken indianischer und indigener Autoren formuliert worden.[18] Aber was daraus für die verfälschten christlichen Schöpfungslehren folgt, haben fast alle nicht-indigenen theologischen Äußerungen nicht bemerkt. Die christliche Theologie hat nicht nur übersehen, wie sie eine wirkungsmächtige Theologie der Extrahierung gefördert hat, sondern auch, wie sie christliche Subjektivitäten innerhalb dieser mächtigen Entwicklung geformt hat.

Aber die Transformation von Land und Körper, von Volk und Erde, Tieren und Menschen geschah nicht einfach aufgrund des Handelns von Missionaren wie José de Acosta. Eine sehr viel mächtigere und entscheidendere Konstellation von Wirkkräften war nötig, um unsere Welt von innen nach außen zu kehren; der Kaufmann, der Missionar und der Soldat. Zu-

---

[17] Ebd., 162 f.
[18] *Leslie Marmon Silko:* Storyteller, New York [1981], 2012. *Audra Simpson/Andrea Smith* (eds.): Theorizing Native Studies, Durham 2014. *Eva Marie Garroutte:* Real Indians: Identity and the Survival of Native America, Berkeley 2003.

sammen formten sie die Welt, in der wir heute leben, und zusammen führ-
ten sie eine geschaffene Ordnung hervor, die die christliche Theologie dann als eine natürliche akzeptierte.

4. Deformierung der Schöpfungsordnung: Kaufmann, Missionar und Soldat

Durch die Zusammenarbeit dieser drei Personengruppen wurde vieles geschaffen und umgestaltet, was das Leben der Neuen Welt, unserer Welt, bestimmt. Natürlich gab es noch andere Akteure in dieser Neuen Welt der Siedlerkolonien. Wir könnten hier den Bürger, den Politiker und den Bauern anführen, aber diese anderen Akteure bezogen ihre Identität und ihre Handlungsoptionen in der neuen Welt von der Pionierarbeit der Kaufleute, Missionare und Soldaten.[19] Im Folgenden werde ich mich auf die Auswirkungen des Zusammenspiels dieser drei Akteure konzentrieren und in diesem Zusammenhang ein Paradigma vorschlagen, das als Analyseinstrument dienen könnte, durch das wir die uns quälenden Verhältnisse nach und nach detaillierter erkennen können.

Kaufmann, Missionar und Soldat funktionieren in einer perichoretischen Realität in der Neuen Welt. Wir müssen die unglaubliche Macht ihrer Interaktion erkennen, ihrer wechselseitigen Einwohnung. Unter Perichorese versteht man Handlungskomplexe, die aus unterschiedlichen, aber nicht voneinander isolierbaren Handlungen bestehen. Sie bilden eine Identität, die sich nur in ihren Beziehungen zeigt. In diesem Sinne kann man von einer wechselseitigen Einwohnung dieser drei Akteure sprechen, die Strukturierungsprozesse auslöste, aus denen sich unsere Sicht der Schöpfungsordnung entwickelte. Diese Akteure gestalteten unsere materielle Existenz auf vierfache Weise: a) in unseren Beziehungsformen, b) in unseren Formen des Werdens, unserem Sinn für Entwicklung, c) in unseren Prozessen der Identifikation und unserer Ausbildung von Identität, und d) wie wir unsere Bedürfnisse auf der geschöpflichen Ebene formen und beurteilen. Diese aufeinander bezogenen Akteure zeigen uns die schöpferische Macht der Kreatürlichkeit, die dem Tod oder dem Leben zugewendet werden kann. Was ihre perichoretische Existenz zu einer komplexen macht, ist, dass sie durch Zerstörung schaffen und durch Schaffen zerstören kann.

---

[19] Zur komplexen Geschichte des (Zusammen)Wirkens dieser drei Personengruppen vgl. meinen Aufsatz: *Willie James Jennings:* Disfigurations of Christian Identity: Performing Identity at Theological Method; in: *Charles Marsh et. al.:* Lived Theology: New Perspectives on Method, Style, and Pedagogy, New York 2017, 67–85.

Gemeinsam ordneten Kaufmann, Missionar und Soldat unseren Sinn für Land, Tiere, Pflanzen, Erde und füreinander auf neue Weise, indem sie das Leben zu dauerhaft abgetrennten Einheiten formten. Diese zweifache Sicht der Existenz durch Eigentum, verbunden mit Rasse, hat es fast unmöglich gemacht, dass wir unsere Verbundenheit mit anderen Geschöpfen und der Erde selbst empfinden. Entscheidend ist hier das Verständnis der neuen Form der aneignenden Logik, die mit dem Kolonialismus entstand. Die Menschen hatten immer ein Gespür von sich selbst als Zugehörige zu einem jeweils besonderen Land und artikulierten *auf diese Weise* ihre Ansprüche auf einen Ort. Aber diese Ansprüche auf Örtlichkeit waren durchlässig, obwohl mit Grenzen versehen, beweglich innerhalb einer nomadischen Logik und doch stabil, identitätsstiftend aber zugleich erweiterbar auf diejenigen, die ebenfalls das Land bewohnen wollten.[20] Es konnte Inbesitznahme von Land und Tieren geben, wenn eine Gruppe Gebietsansprüche erhob, auf Wasserstellen, Jagd- und Anbaugebiete zum Ausdruck brachte. Kämpfe und Kriege wegen Land wurden nicht von den kolonialistischen Siedlern erfunden.[21] Auch gab es unterschiedliche Identitäten; eine durch dauerhafte Familienbeziehungen miteinander verbundene Gruppe erzählte andere Geschichten und war sich der Unterschiede hinsichtlich ihres Umgangs mit dem Land und den Tieren bewusst.

Die Kolonialsiedler erreichten mit Hilfe des kreativen Genius dieser drei Akteure nicht nur, diese indigene Logik zu unterbrechen. Vielmehr etablierten sie auch einen selbst-verborgenen Parallelismus zwischen Landabgrenzung und Körperabgrenzung, der die Welt dazu brachte, neue Linien und Kreise außerhalb und auf dem Körper einzuzeichnen.[22] Das Ziehen von Linien, um Räume zu trennen, die eigentlich nicht getrennt waren, bekam eine neue ökonomische Bestimmung, als die Privatisierung von Land und Orten durch Formen der Identität schnitt, sowohl räumliche als auch menschliche. Doch die Linie außerhalb des Körpers war auch die Linie im Körper, da die Menschen daran gewöhnt wurden, eine Linie zu sehen, obwohl sie nicht da war, und die Linie als Grenze der Existenz internalisierten.

---

[20] Vgl. *John Hanson Mitchell:* Trespassing: An Inquiry into the Private Ownership of Land, Reading, Massachusetts 1998.

[21] Vgl. *Ned Blackhawk:* Violence Over the Land: Indians and Empires in the Early American West, Cambridge, Massachusetts 2006. *Pekka Hämäläinen:* The Comanche Empire, New Haven 2008.

[22] Vgl. *Tim Ingold:* Lines, New York [2007], 2016. Siehe auch *Ders.:* The Preception of the Environment: Essays on Livelihood Dwelling and Skill, New York [2000], 2011. *Ders.:* Being Alive: Essays on Movement, Knowledge, and Description, New York 2011.

Die Linie bestimmte, was mein und was nicht mein war, und darum auch, was mich betraf und was nicht. Die Linie bestimmte, was und was nicht mit mir verbunden war, und darum sowohl, was eine moralische Verpflichtung für mich bedeutete, als auch, was mein Handeln erforderte. Die Belange und moralischen Verpflichtungen waren immer schon durch Personengruppen und königliche Edikte begrenzt und ausgerichtet worden, aber die koloniale Formierung der Linie verwandelte diese Begrenzung und Ausrichtung in eine räumliche Absurdität, durch Zurücknahme oder Schaffung neuer Formen moralischer Verpflichtung, die auf Privateigentum basierte. Die Linie konnte Welten zentimeterweise trennen und tat das auch. Wie Reviel Netz in ihrem wunderbaren Buch über den Stacheldraht bemerkt, wird unsere Welt durch die Linie geformt:

> „[...] eine geschlossene Linie wurde geschaffen, um eine Bewegung von außerhalb der Linie in ihr Inneres zu verhindern, und von dieser geschlossenen Linie ausgehend entwickelten wir die Vorstellung von Eigentum. Mit derselben Linie verhinderten wir Bewegung von dem Inneren der Linie zu der Außenseite hin, und wir entwickelten daraus die Idee des Gefängnisses, und mit einer offenen Linie verhinderten wir die Bewegung in beiderlei Richtung, und von daher entwickelten wir die Idee der Grenze. Eigentum, Gefängnis, Grenze: Durch die Verhinderung von Bewegung kommt der Raum in die Geschichte".[23]

Der von der Warenkette beschriebene Kreis wurde durch Produktion und Konsum zusammengehalten. Er schloss den Körper ein, insbesondere die Körper indigener Menschen. Der Warenkreislauf wurde der wahre Kreis, der alle anderen Kreise begründete. Dieser Kreis zog schwarze und indigene Körper zu einer festen Einheit als verkäufliche und versklavte Körper zusammen, und er zog in gleicher Weise zerstörerisch Kreise um die Menschen – wie Teigausstechformen Kreise in den Teig schneiden und ihn von seiner Umgebung trennen und ihn in etwas Neues und Eigenartiges zusammenbinden. Dieser räumliche und körperliche Kreis schnitt nicht durch und um denselben Stoff herum, d. h. die gleichen Menschen. Er schnitt durch Menschen, Familien, Geschichten, Lebensformen und mischte brutal äußerst unterschiedliche Menschen zusammen, nicht in neue Völker, sondern in Rassen. Er formte auch das Weiß-Sein zu seinem Herrschaftskreis. Weiß-Sein entsteht als ein imaginierter Kreis, der einkreist. Der Kreis, der die Körper rassisch bindet, kreist auch den Körper ein, macht ihn zum rassischen Körper. Der weiße, einkreisende Körper ist

---

23 *Reviel Netz:* Barbed Wire: An Ecology of Modernity, Middletown, Connecticut 2004, XI.

auch ein umkreister Körper. Der weiße Körper imaginiert sich jedoch selbst als außerhalb des umkreisten rassischen Körpers, als in einem offeneren und freieren Raum existierend, als eine Linie, die durch und um die Welt fließt. Kreise konstituieren in diesem Zusammenhang Zugehörigkeit und die Kanäle, durch die und mittels derer sich Zugehörigkeit materialisiert. Der Kreis formt fortwährend und fängt eine Vielfalt von Menschen in dauerhafte Eingrenzungen ein, ein jeder von dem weißen Körper eingekreist, und alle aufgefordert, ihre Leben und ihre Völker in eine rassische Existenz einzukreisen.

Linien und Kreise haben immer schon existiert, aber nicht so, wie sie durch die erwähnten aufeinander bezogenen Akteure geformt worden sind. Die Energie, die Linie und Kreis erhält, strömt aus dem Land selbst, aber jetzt sind Land und Raum, Ort und Tier durch die Warenkette „auf Linie" gebracht.

5. Auf der Spur geschöpflicher Verbindung

Es müsste noch sehr viel mehr über diese Pädagogik der Linien und Kreise gesagt werden, aber uns geht es hier vor allem um ihre zerstörerischen Auswirkungen auf eine Schöpfungslehre. Das Zentrum dieser Auswirkungen bildet der Verlust eines Sinnes für geschöpfliche Verbindung; nicht die formale theologische Verbindung aller lebenden Dinge in ihrer Geschaffenheit, auch nicht eine sentimentale Auffassung unserer Verbindung mit der Welt oder dem Universum. *Geschöpfliche Verbindung ist eine partizipatorische Realität, in der und durch die wir in die kommunikative und belebte Dichte der geschöpflichen Welt in Interaktion mit der geschaffenen Umwelt eintreten.* Dieses Eintreten gewährt eine Empfindung des Sinns des Lebens, gewissermaßen an den organischen und materialen Bindegliedern der Interaktion. Geschöpfliche Verbindung bedeutet, diese „Sehnen" zu spüren und von ihnen zu lernen, in ihnen geformt zu werden, durch sie belebt zu werden. Das bedeutet auch, eine andere Berechnung von Linie und Kreis auszuführen, die den Körper auf Konnektivität und das sich miteinander Verbinden ausrichtet. Leslie Marmon Silko weist in ihrem Klassiker *Storytellers* in diese Richtung, wenn sie schreibt:

> Ich sehe gute Stellen
> für meine Hände
> Ich fasse die warmen Stellen des Felsen
> und fühle den Berg beim Aufsteigen.

schläft die gelbgesprenkelte Schlange auf ihrem Fels
in der Sonne.
Darum
sage ich Ihnen, bitte
passt auf,
tretet nicht auf die gelbgesprenkelte Schlange
sie lebt hier.
Der Berg ist ihrer.

(Als wir den Schlangenberg bestiegen)[24]

Silkos Poesie weist auf eine Form der Aufmerksamkeit hin, die Körper und Ort, Körper und Erde, Tier und Raum als Zusammenhängendes begreift. Der Begriff der Aufmerksamkeit fungiert hier jedoch nur als Platzhalter für eine viel umfassendere und komplexere Realität der Wahrnehmung, Interaktion und Rezeptivität bezüglich der lebendigen Welt. Douglas Christie weist in seinem Text *The Blue Sapphire of the Mind: Notes for a Contemplative Ecology* in diese Richtung, wenn er schreibt:

„Sich auf das Nicht-Menschliche hin zu orientieren, die eigene bewusste Aufmerksamkeit ganz und tief auf einen Ort, ein Tier, einen Baum oder einen Fluss zu richten, bedeutet schon, sich der Beziehung und der Intimität mit anderen zu öffnen. Es bedeutet, die Gegenwart des Anderen nicht als Objekt, sondern als lebendiges Subjekt zu spüren. Den Anderen als Teil ‚eines größeren Ganzen' zu erfahren, als Teil einer pulsierenden und komplexen Ökologie, und danach zu streben, in dieses größere Ganze einzutauchen, heißt auch, sich diesem größeren Ganzen völlig und ohne Rückhalt zu öffnen. Es bedeutet, jene Art von Verletzlichkeit und das Verschmelzen der Identitäten zu wagen, auf das sich Mystiker manchmal beziehen, wenn sie von ihrer Erfahrung Gottes sprechen."[25]

Christie stützt sich auf christlich-kontemplative Praktiken der monastischen Tradition, um in der Hoffnung auf eine moralische Wirkung einem tiefen ökologischen Bewusstsein Ausdruck zu verleihen. Das ist ein kreativer und mutiger Versuch, aus der christlichen Theologie selbst die Sensibilitäten zu schöpfen, die von unserer Verwobenheit mit der lebenden Umwelt zeugen. Er erkennt ganz richtig, dass Orte, Land und tierisches Leben in Vergessenheit geraten sind als Folge eines Lebens, das in dauernder Einhausung geprägt worden ist, und er sieht darin ein besonderes Problem des

[24] *Silko*, Storyteller, New York [1981], 2012, 73.
[25] *Douglas E. Christie:* The Blue Sapphire of the Mind: Notes for a Contemplative Ecology, New York 2013, 8.

Christentums angesichts seiner kolonialistischen Geschichte. Er schreibt weiter: „Wir haben, [...] jedenfalls in großem Maße, unsere Fähigkeit verloren, die Welt zu sehen und zu fühlen, sie nicht nur als eine auszubeutende Ressource zu erfahren, sondern als eine Gabe, die bewundert und wertgeschätzt werden sollte. Gewohnheitsmäßige Gewalt, Aneignung und Ausbeutung [...] prägen weiterhin unser Dasein in der Welt."[26]

Christie hofft, dass er in uns die Lebensverbindung zur Landschaft und die des Körpers zum Land und zu den Tieren wiederherstellen kann, indem er unser Bewusstsein der Welt in die spirituellen Übungen – als diesen Übungen inhärente – mit einbezieht. Meiner Meinung nach ist er auf dem richtigen Weg, aber seine Argumentation stützt sich auf eine Form der Willensäußerung und des Gefühls, die dennoch die Eingrenzung normalisiert. Problematisch ist auch, dass seinem Verständnis von ökologischer Wahrnehmung und Bewusstheit eine wirklich kommunikative und lebendige Dichte fehlt. Christie erkennt richtig, dass wir mit der Welt tief verbunden sind und dass ein Gespür für die Verbundenheit wiederhergestellt werden muss, aber er vermittelt uns nicht die Reziprozität dieser Verbindung. Wenn wir mit der Welt verbunden sind, muss die Welt auf irgendeine Weise mit uns und zu uns sprechen. Christie erkennt, dass die Welt zu uns spricht, aber der Kern der durch den Kolonialismus verursachten Störung und unserer konzeptuellen und existenziellen Schwierigkeiten besteht darin, dass wir nicht sehen, *wie die Welt mit uns kommuniziert.*

Der Ethnologe Eduardo Kohn hilft uns in seinem bahnbrechenden Buch *How Forests Think: Toward an Anthropology Beyond the Human,* die kommunikative Wirklichkeit der Welt besser zu begreifen. Auf Grundlage seiner Feldforschung bei den Àvila Runa am oberen Amazonas schlägt Kohn eine andere Anschauungsform vor, die auf alle Lebewesen zutrifft. Er schreibt: „Was wir mit den nicht-menschlichen Lebewesen gemeinsam haben [...] (ist) [...], dass wir alle mit und durch Zeichen leben."[27] Kohn geht in seiner Sicht der Kommunikation von ihrer Grundlage, der repräsentierenden Anschauung aus. Kohn ist der Ansicht, dass unsere Sicht des Geistes als der einzigen Quelle von Repräsentation und unsere aus diesem Verständnis sich herleitenden Gesellschaftstheorien uns blind gemacht haben für die Tatsache, dass „[...] nicht-menschliche Lebensformen auch Anschauungen der Welt darstellen".[28]

Unter Bezug auf die Pierce'sche Semiotik unterscheidet Kohn zwischen drei Formen der Repräsentation: ikonisch, indexikal und symbolisch.

---

[26] Ebd., 95.
[27] *Eduardo Kohn:* How Forests Think: Toward an Anthropology Beyond the Human, Berkeley 2013, 9.
[28] Ebd., 8.

Die ikonischen und indexikalen Formen der Repräsentation „[…] durchdringen die lebende Welt – die menschliche und die nicht-menschliche – und haben wenig erkundete Eigenschaften, die sich ziemlich von denen unterscheiden, die für die menschliche Sprache eigentümlich sind", d. h. von der symbolischen Form.[29]

Kohn geht es weniger um die Darstellung der psychologischen oder inneren Mechanismen dieser Semiose, sondern eher darum, uns für eine Realität des Denkens zu öffnen, die in der Welt ist und unserem Denken Gestalt gibt. Kohn denkt nicht, dass diese lebende Semiose etwas beinhaltet, wie etwa präzise ethische Anweisungen, moralische Aufträge oder irgendwelche konzeptuellen Sachverhalte, die aus der symbolischen Repräsentation erwachsen. Aber ohne unsere Anpassung an diese lebende Semiose verliert sich die konstruktive Tätigkeit des symbolischen Denkens selbst, wird angsterfüllt und verfällt in die Eingrenzung. Kohns Werk steht im Einklang mit einer wachsenden Zahl von wissenschaftlichen Arbeiten, in denen versucht wird, über Existenz jenseits der Kultur-Natur-Dichotomie nachzudenken. Aber im Unterschied zu einer Reihe von anderen Wissenschaftlern widersteht Kohn konstruktivistischen Positionen, nach denen unsere Interaktionen mit der Welt immer unsere Projektionen auf die Welt sind.[30] In Kohns Ausführungen, deren Komplexität ich hier nicht gerecht werden kann, geht es um die Verbindung zwischen konstruktivistischen Positionen und ihrem Erbe innerhalb der kolonialen Matrix.

Für Kohn bedeutet unsere Erkenntnis der lebenden Semiose, dass „unsere teilweise gemeinsamen semiotischen Neigungen" „[…] artenübergreifende Beziehungen ermöglichen und sie auch analytisch verstehbar machen".[31] Das eröffnet neue Wege des Verstehens des Selbst in Beziehung zu anderen Selbstheiten, die nicht menschlich sind.

„Alles Leben ist semiotisch, und jede Semiose ist lebendig. Auf bedeutsame Weise sind also Leben und Denken ein und dasselbe: das Leben denkt; Gedanken sind lebendig. Das hat Folgen für das Verständnis dessen, wer ‚wir' sind. Wo immer es ‚lebende Gedanken' gibt, gibt es auch ein ‚Selbst'. Das ‚Selbst' ist auf seiner tiefsten Ebene ein Produkt der Semiose. Es ist der Locus – wie rudimentär und ephemer auch immer – einer lebendigen Dynamik, durch die Zeichen dahin gelangen, die Welt um sie herum zu einem ‚Etwas' zu repräsentieren, das als ein Resultat dieses Prozesses entsteht. Die Welt ist also ‚beseelt'. ‚Wir' sind nicht die einzige Art von wir."[32]

---

[29] Ebd.

[30] Vgl. *Philippe Descola:* Beyond Nature and Culture, Chicago 2013. *Eduardo Viveiros de Castro:* Cannibal Metaphysics, Minneapolis 2014.

[31] *Kohn,* How Forests Think, 9.

[32] Ebd., 16.

Kohns Argumentation führt zu einer Vorstellung von Subjektivität und Selbstheit jenseits des Menschlichen, die aber keine Projektion des Menschlichen auf die Welt ist. Wenn semiotische Anpassung unsere volle Teilhabe an einer lebendigen und kommunikativen Welt bedeutet, dann ist die rassische und räumliche Eingrenzung die Störung dieser Anpassung. In aufschlussreichen Ausführungen berichtet Kohn, wie die in Àvila ansässigen Runa, deren Geschichte vom Kolonialismus und seinen ausbeuterischen Praktiken geprägt ist, lernten, innerhalb einer Logik der Rasse zu handeln.

„Die Runa haben schon vor langem gelernt, in einer Welt zu leben, in der die Weißen – die Europäer und später die Ecuadorianer und auch Kolumbianer und Peruaner – die eindeutige Herrschaft über sie hatten, und in der die Weißen als Weiße ihnen mit Absicht eine Weltsicht aufzwingen wollten, die ihre Position rechtfertigte."[33]

Wie Kohn berichtet, wurden die Runa von den Kaufleuten und Missionaren dazu gebracht, weiße Menschen als Götter zu sehen, die wie Gott aussahen und alles beherrschten. Weiße sind *amo*, die Herrscher von allem. Während die Runa eine umfassendere Subjektivität haben, einen Sinn für das Selbst, das durchlässig ist und unter anderen lebenden Geschöpfen gegenwärtig ist, repräsentiert das Weiße eine Stellung des Subjekts, die auf die Fähigkeit ausgerichtet ist, Land und Tiere zu beherrschen. Schwarz wiederum ist eine andere Geschichte im kolonialen Erbe der Runa – auch Schwarz verweist auf die Stellung eines Subjekts, aber sie ist mit dem Körper verortet und repräsentiert Machtlosigkeit. Macht wird durch das Weiße bezeichnet.

„In der Mitte des 19. Jahrhunderts wurde ein Mann afrikanischer Abstammung namens Goyo zum Gouverneur einer Verwaltungsregion des Amazonas (die damalige Provincia de Oriente) ernannt. Weil dieser neue Gouverneur schwarz war, weigerten sich die Runa, ihn als Herrn zu akzeptieren. Er war deshalb gezwungen, den vormaligen Gouverneur Manuel Lazerda zu bitten, weiterhin als Gouverneur zu agieren. Lazerda berichtet: Die Indianer glauben, dass Schwarze verdammt sind und in den Feuern der Hölle verbrannt werden. Sie werden Goyo niemals gehorchen. Ich bin sein Freund, und ich führe seine Anweisungen aus. Die Erträge [vor allem aus Zwangsverkäufen an die Indianer] werden geteilt: ein Teil für mich, der andere für ihn. Alleine würde er gar nichts tun können. Die katechisierten Indianer werden ihn niemals als ihren apu [d. h. ihren Herrn und Meister] anerkennen."[34]

---

[33] *Kohn*, How Forests Think, 192.
[34] Ebd., 202 f.

Dass die Schwarzen eine Position der Machtlosigkeit innehatten, bedeutete nicht nur, dass ihre Stellung hinsichtlich Land und Tieren mit der der Weißen nicht vergleichbar war, was herrschaftliches Auftreten betrifft. Es bedeutete, dass ihr Schwarzsein eine Eingrenzung anzeigte, eine Position des Subjekts, die niemand einzunehmen hätte wünschen können. Selbst unter den Runa orientierte sich die Logik der Rasse an der Landnahme und -ausbeutung.

Die Runa erfahren in dieser Hinsicht tatsächlich das, was ich räumliches Weiß-Sein nenne, die Art und Weise wie Weiß-Sein Körper und Raum einkreist und sie als neuen Ort der Ausübung ihrer Macht und Gegenwart rekonstituiert.

Sowohl das Werk Kohns wie auch das Christies zeigen die Möglichkeiten auf, geschöpfliche Verbindung zu schaffen, aber beiden fehlt die notwendige Reflexion über durch Rassismus geprägte Verhältnisse oder die Verbindung von ökologischer Bewusstheit (Christie) und Semiose (Kohn). Eine Sicht der geschöpflichen Verbindung, die das Dilemma der Eingrenzung in den Blick nimmt, muss auf drei Dinge gerichtet sein: den Körper wieder mit der Semiose der Welt zu verbinden, die rassistischen Verhältnisse in Frage zu stellen und darauf, in die Produktion von Raum und geschaffener Umwelt durch fortwährende Bildung und Verwandlung von Privateigentum einzugreifen.

6. Zweite Leser finden in der geschaffenen Umwelt

Wir brauchen also eine geografische Intersektionalität, die es uns erlaubt, den Verlust der geschöpflichen Verbindung sowohl vom Problem der Eingrenzung als auch der negativen Bildung von menschlich geformten Umwelten her anzugehen. Auf der Seite des Kulturlandes finden wir die tiefgehende Verdrängung des Körpers vom Land und den fortwährenden zerstörerischen Gebrauch von Linie und Kreis. Hier finden wir auch die konstante Bildung und Erneuerung von durch „Rasse" und Gender bestimmten Identitäten. In den USA und vielen anderen geografischen Kontexten leben wir im Bereich jener Energie, die geografisches Weiß-Sein antreibt, dessen historische Begierde es ist, Gemeinschaften zu schaffen, in denen weiße Vorherrschaft die Norm ist. Unsere geografischen Wahrnehmungen werden von rassischer Angst heimgesucht. Die Narration unserer Räume wird durch Verteilung und Arrangement von durch Rasse definierten Körpern bestimmt, immer als ein negativer ökonomischer oder emotionaler Hintergrund. Unsere Gedanken über die Orte, an denen wir leben und arbeiten, lernen und spielen, die Orte, die wir aufbauen oder abreißen, antizipieren Bewegungsmuster durch Rasse definierter Körper. Wie Katherine McKittrick darstellt, ist die Kontrolle des Raumes von entscheidender Bedeutung für die Kontrolle durch Rasse definierter Körper, und, was noch wichtiger ist, für die Bildung rassischer Subjektivität.

„Rassische Gefangenschaft setzt geografische Einschließung voraus; geografische Einschließung setzt einen enträumlichten Sinn von Örtlichkeit voraus; ein enträumlichter Sinn von Örtlichkeit setzt geografische Inferiorität voraus; geografische Inferiorität gewährleistet rassische Gefangenschaft."[35]

McKittrick betrachtet die geografischen Prozesse der Desensibilisierung, bei denen semiotische Fehlausrichtungen die menschlich geformte Umwelt strukturieren. Die menschlich geformte Umwelt zeigt uns eine räumliche Pädagogik, die uns lehrt, Konnektivität nicht zu sehen oder sich Relationalität nicht vorzustellen, außer auf eine extrem begrenzte, kontrollierte und überwachte Weise. Die menschlich geformte Umwelt wendet allzu oft den Raum gegen den Ort, sie wendet die konstruktiven Prozesse der Formung mit Linien und Kreisen gegen eine Bildung von Linien und Kreisen, die Subjektivität und Sinn für das Selbst in der weiteren Welt so eröffnen, dass sie uns auf ein Zusammenleben ausrichtet. Es gibt da eine Intentionalität, die in die rassistisch geprägte menschlich geformte Umwelt eingeschrieben ist, wo der Raum strukturiert ist, um zum Schweigen zu bringen, zu töten und zu zerstören.

Eine christliche Schöpfungslehre muss in den Aufbau des geografischen Lebens eingreifen, oder sie ist keine christliche Schöpfungslehre. Wie kann jedoch ein solches Eingreifen geschehen, wenn das Christentum im Zentrum der rassischen und räumlichen Eingrenzungen des modernen Lebens steht? Wir kehren am Ende dieses Aufsatzes zum Begriff des zweiten Lesers/der zweiten Leserin zurück, um darauf hinzuweisen, wie dies uns helfen könnte, eine Schöpfungslehre neu zu formulieren. Christ*in sein bedeutet, *danach zu lesen,* d. h. unsere Sinne darauf einzustimmen zu hören, zu sehen, zu fühlen und zu riechen, was andere bereits entdeckt haben. Wir befinden uns immer innerhalb der jüdischen Matrix der Schöpfung, empfinden sekundär, empfinden nach anderen, und diese sekundäre Stellung stimmt uns darauf ein, selbst angesichts rassischer und räumlicher Eingrenzungen zu empfinden. Es ist dieses eingestimmte Lesen im Nachhinein, das unsere Konzeptbildung verorten und unsere Lehraussagen formen sollte. Es sollte auch die Grundlage für ökologische und evolutionäre Theo-

---

[35] *Katherine McKittrick:* Demonic Grounds: Black Women and the Cartographies of Struggle, Minneapolis 2006, 147.

riebildungen sein und ebenso für die Erörterung von Fragen der Identität und der Zugehörigkeit.

Eine christliche, in dieser nachgeordneten Position ausgebildete Schöpfungslehre würde wenigstens drei Merkmale aufweisen:

Erstens würde sie sorgfältig die Geschichte der Abwertung, Ablehnung und Unterdrückung indigener Sichtweisen in Bezug auf bestimmte Orte, Länder, Tiere und Jahreszeiten bedenken. Christliche Schöpfungslehren wurden auf solchen Ablehnungen aufgebaut, sie führten zu säkularen Formen der Weltsicht, die weiterhin indigene Sichtweisen und pastorale Praktiken übergehen.[36] Und in der Tat lesen sich Schöpfungstheologien allzu oft so, als ob indigene Menschen, selbst indigene Christen, keine Einsichten in die Schöpfung und das Leben als Geschöpfe hätten. Eine intellektuelle Haltung des Lesens im Nachhinein beginnt mit dem Hören darauf, wie andere mit der Welt umgehen, um die Welt in und durch sie zu hören. Ein solches Hören erfordert keine idealisierte oder sentimentale Sicht des indigenen Lebens, sondern die nüchterne Erkenntnis, dass die Geschichte des Christentums eine Geschichte des Nicht-Hörens auf die Erde ist, weil wir nicht genügend Mitbewohnern der Erde zugehört haben.

Ein zweites Merkmal wäre, die Verfahren, durch die wir Wissen über die Schöpfung und die Geschöpfe erlangt haben und weiterhin erlangen, gründlicher zu vergeschichtlichen. Wir, die wir in die Geschichte Israels und damit in sein Wissen über unseren Schöpfer und die Schöpfung eingetreten sind, verstehen, dass das, was wir erkennen, untrennbar damit verbunden ist, wie wir es erkannt haben. Das Wissen, das wir formen, ist im Innern der Form des Wissens, das wir darstellen. Wissensbildung war seit dem Beginn der kolonialen Ära eingebettet in eine Theologie der Extrahierung, die sogar von denjenigen eingesetzt wurde, die jegliche theologische oder religiöse Bindung von sich weisen würden. Eine Theologie der Extrahierung zielte nicht darauf ab, unseren Gebrauch der Erde und der Tiere an sich zu rechtfertigen, sondern den Gebrauch zu rechtfertigen, der die Erde isoliert, aus ihr extrahiert, sie manipuliert und zur Ware macht, und sie jeder innigen Beziehung zu vielen Menschen und Tieren beraubt, die ihre Orte bewohnen. In dieser Denkweise wird alles von Mikroben bis zu Metall nur nach dem Nutzen für uns betrachtet. Eine Theologie der Extrahierung trennt Wissen vom Akt der Narration und weigert sich, die kapitalistischen und wissenschaftlichen Kulturen in die lange Geschichte des modernen Kolonialismus und die Objekte ihrer Untersuchung und ihrer Nutzung in die Geschichte ihrer Verbindung mit Menschen und Tieren

---

[36] Vgl. *Vandana Shiva:* Staying Alive: Women, Ecology, and Development, Berkeley, California 2016.

einzuordnen. Die Vergeschichtlichung des Wissens bedeutet, ökologische Analysen und Evolutionstheorien auf ihren eigenen historischen Rahmen zurückzuverweisen und ihre übertriebene Bedeutung als Gesprächspartner für die theologische Reflexion herabzustufen.

Ein drittes Merkmal wäre die Förderung von Analysen, die die Interkonnektivität von Leben, Denken und Handeln auf eine Weise ernst nehmen, die über eine formale Anerkennung des Sachverhalts hinausgeht. Eine Reihe von theologischen Texten über das Thema Schöpfung und von nicht-theologischen Texten über die Erde und die Umwelt behaupten, diese Interkonnektivität ernst zu nehmen. Aber die meisten bedenken nicht, dass die menschlich geformte Umwelt geprägt ist von ihren rassialisierten Regionen, vom zerstörerischen Gebrauch von Linien und Kreisen, von den dauerhaften Formen der Eingrenzung, die vollzogen und erleichtert werden durch die Privatisierung und Fragmentierung von Land. Darüber hinaus bringen nur sehr wenige die ökologische Analyse und die Theoriebildung zur Frage der Evolution in ein ernsthaftes und respektvolles Gespräch mit indigenen Formen des Wissens und der Analyse. Wir müssen Analysen auf eine Weise miteinander verweben, dass dies dem Bestreben förderlich ist, zu gemeinsamen Ergebnissen zu kommen, um Wissen zu bilden, zu erweitern und zu verbreiten. In der Tat spiegeln zu viele Texte, sowohl theologische wie auch solche aus den Wissenschaftsfeldern Umwelt und Evolution, den epistemischen Rassismus des Weiß-Seins wider, der fortwährend Wissen zu einer eurozentrischen Wertehierarchie formt, der gegenüber alle nicht-weißen Körper eine sekundäre Rolle als „Beitragende" zu einem allgemein akzeptierten (weißen) Wissensfundus spielen.[37] Es geht hier nicht darum, dass Schöpfungstheologien zu einem tiefgehenden Eurozentrismus neigten, was sicher auf einige zutrifft, sondern dass Schöpfungstheologien sowie auch andere Arbeiten aus verwandten Wissenschaftsbereichen, oft ihre Theorien isoliert erarbeiten und in ihren Konzepten räumliche Abgrenzungen ausbilden. Wenn wir an das Netzwerk des Lebens glauben, müssen die Schöpfungstheologien auch dieses Netzwerk in ihren Texten verwirklichen.

Eine christliche Schöpfungslehre situiert sich selbst immer in der Wirklichkeit der Geschöpflichkeit und entwirft eine Sicht des gemeinschaftlichen Lebens, das grundsätzlich artenübergreifend ist, nicht im Sinne einer Projektion von Beziehungen auf die Welt, sondern im Sinne einer umfassenderen Bewusstheit dieser Beziehungen, und zwar auf eine

---

[37] Vgl. *Walter Mignolo:* Yes, We Can; in: *Hamid Dabashi:* Can Non-Europeans Think, London 2015. Siehe auch *Jason W. Moore:* Capitalism in the Web of Life: Ecology and the Accumulation of Capital, London 2015.

Weise, die für unser Zusammenleben von Bedeutung ist. Aber genau dieses Zusammenleben, die Moralität der Geografie, ist dem theologischen Nachdenken über die Schöpfung zu oft entgangen. Bell hooks beschreibt in *Belonging: A Culture of Place* ihre wunderbaren Reflexionen über ihre Heimkehr in die Berge von Kentucky, die heilende Kraft dieser Heimkehr, selbst zu Orten, die von rassischen Logiken durchdrungen sind.[38] Solche Logiken können jedoch nicht einfach die lebendige Semiose vollständig zum Schweigen bringen, weil kolonialistische Eingrenzungen immer durchbrochen werden können. Die Arbeit des Erspürens muss jedoch verbunden sein mit der Arbeit der Erinnerung an die Ausformungen von privatisierten und rassialisierten Räumen und mit der Analyse ihrer beständigen Neukonfigurationen. Wir brauchen eine Schöpfungslehre, die neue Analysekonfigurationen hervorbringt, die wirklich anders sind im Hinblick darauf, wie wir die Schöpfung und uns selbst als Geschöpfe sehen.

Übersetzung aus dem Englischen: Dr. Wolfgang Neumann

---

[38] *bell hooks:* Belonging: A Culture of Place, New York 2009.

Die Weltmissionskonferenz 2018 in Arusha, Tansania – aus der Sicht eines jungen Teilnehmers

Onno Hofmann[1]

Als junger evangelischer Theologiestudent im fünften Semester konnte ich bei der Bewerbung zur Weltmissionskonferenz noch nicht mit viel Erfahrung in internationaler Ökumene aufwarten. Als die letzte Weltmissionskonferenz 2005 in Athen stattfand, war ich gerade mal neun Jahre alt. Doch anscheinend meinte es die Kommission für Weltmission und Evangelisation ernst, die Jugend beteiligen zu wollen: Ein Beobachterstatus für die Evangelische Kirche in Hessen und Nassau (EKHN) wurde für mich und eine Kommilitonin aus Frankfurt gewährt. Wenn der römisch-katholische Papst *uns*, der Jugend, ein ganzes Buch widmet, dann will die ökumenische Bewegung wohl nicht hinterherhinken. „Jugend" heißt in diesem Fall alle unter 35 Jahren – wohl, damit die Jugend eine realistische Chance zu ausgleichendem Anteil hat.

Ausgeglichenheit war schon bei der Auswahl der Teilnehmenden ein besonderes Kriterium: Gewünscht wurden im Bewerbungsprozess die dort anscheinend raren Eigenschaften „jung", „weiblich", „nicht ordiniert" und „vom afrikanischen Kontinent kommend". Das sollte gerade *keinen* postkolonialen Beigeschmack haben, sondern eine herausragende Eigenschaft der Konferenz sein: Die Weltmissionskonferenz (WMK) in Arusha würde eine „Afrikanische Konferenz" werden, versprachen die Vorbereitungspapiere. Selbst die über 35-jährigen dürften nicht mehr wissen was das heißt, war doch die letzte afrikanische WMK 1958 in Ghana. Abgesehen von afrikanischer Musik und Tanz, die sich schon vor innerem Auge in vorfreudi-

---

[1]   Onno Hofmann ist seit Oktober 2015 Student der Evangelischen Theologie (Pfarramt) an der Universität Hamburg.

ger Erwartung abspielten, meinte „Afrikanische Konferenz", dass „die Konferenz sich den Zeichen der Zeit widmen muss, insbesondere denen, die afrikanische Völker und afrikanische Länder betreffen – Zeichen von sowohl Bedrohung als auch Verheißung".[2] Eine offen gewählte, aber dennoch ansprechende Formulierung, im wahrsten Sinne des Wortes. Sie bekundet den Willen, eventuelle Problemthemen anzusprechen. Diese wachsame Erwartung war gesetzt, die mir ohnehin als weißem Europäer eingepflanzt sein sollte, der nach Afrika reist, um über das Thema Mission zu sprechen; gleichsam eine Wachsamkeit, ob und wie die Umsetzung letztendlich stattfinden und von wem sie ausgehen würde.

Die Zeichen der Zeit werden ebenso sichtbar, wenn von Afrika als *"one of the most vibrant regions of World Christianity in terms of its spirituality and cultivation of life"*[3] gesprochen wird. Schon hier ist ein starkes Selbstbewusstsein zu spüren, mit dem der sogenannte Globale Süden auftritt – nicht zuletzt, weil die afrikanischen Kirchen ein bewusstes Zusammengehörigkeitsgefühl erkennen lassen, im Gegensatz zu den Geschwistern aus Europa. Die Zeichen der Zeit, aber auch die Spuren der Geschichte haben ihren Teil dazu beigetragen.

Die vor allem deutsche Missionsgeschichte Tansanias wurde in der Vorbereitung und in einer Ausstellung auf dem Konferenzgelände von der Leipziger Mission beleuchtet. Heute muss erkannt werden, dass Afrika mittlerweile nicht mehr „Objekt" der Mission ist, sondern eher „Subjekt" – abgesehen davon, dass diese Begriffe in der Missionstheologie längst keine Verwendung mehr finden. Dennoch ist es interessant zu beachten, wie Europa, als dessen bedrohendes Zeichen der Zeit die Säkularisierung gilt, neu und anders in den Fokus gerät.

Dieser Habitus schlägt sich in der ein oder anderen persönlichen Begegnung nieder, die zwischen Vertreter*innen des Globalen Nordens und des Globalen Südens zu den Mahlzeiten oder in den Pausen der WMK stattfand. Nicht wenige deutsche Landeskirchen haben in Gesprächen mit afrikanischen Partnerkirchen schon Hilfe angeboten bekommen, etwas gegen die massenhaften Kirchenaustritte zu unternehmen, deren Zahlen in Afrika bekannt sind. Eine Band aus Ruanda hat mir einmal angeboten, durch deutsche Schulen zu touren, um die Jugend durch christliche Musik

---

2 *WCC-Central Committee:* Document No. GEN PRO 05, 2018 World Mission Conference: A Tentative Proposal, Trondheim, 22–28 June 2016 (Übersetzung: O. Hofmann).
3 Ebd.

von Gott zu begeistern. Es ist schön zu sehen, dass der Wille zu gegenseitiger Hilfe eine neue Art von Dialog auf Augenhöhe ermöglichen kann. Bei einem afrikanischen Abend zeigte die Lutherische Kirche Tansanias als Gastgeberin auch, wie beeindruckend das Engagement der Kirche das Land bereits verwandeln konnte, auf dem Weg der AIDS-Bekämpfung und -Prävention, aber auch im Bildungsbereich und *Women-Empowerment.* Ein ganzer Vortragsabend wurde außerdem der afrikanischen Theologie gewidmet und war wichtiger Bestandteil dieser afrikanischen Konferenz.

Dass Musik ein Schlüssel zum Verständnis von afrikanischem Christsein ist, merkte ich nicht zuletzt an den zahlreichen singstarken Chören, die das Rahmenprogramm der Konferenz bestimmten und aus verschiedensten Regionen des Landes angefahren kamen, um sich – zum Teil in traditioneller Stammeskleidung – mit Tänzen zu präsentieren. Was nach Vorführcharakter klingt, entpuppte sich für mich als ein gemeinsam gestalteter Akt, dessen Kraft die ganze Konferenzhalle erfüllte. Fast immer wurde der Saal aufgefordert aufzustehen und, selbst wenn es nach 21 Uhr war, wenigstens mitzuwippen. Ich fühlte mich nie als Zuschauer, sondern als Teilnehmer eines großen Gottesdienstes. Spätestens als Händels „Messias" auf Kiswahili erklang, endeten die kritischen Fragen nach erzwungener Darstellung oder kultureller Identität und mündeten in ein einstimmiges Lob zur Ehre Gottes.

Die Frage nach Einstimmigkeit bei so vielen Stimmen, also der „Einheit" innerhalb des Ökumenischen Rates der Kirchen (ÖRK), wird in Diskussionen immer wieder gestellt und hat seine Berechtigung, wenn wir schon oder immer noch in afrikanische, europäische und andere „Christentümer" differenzieren. Gerade in den täglichen Morgen-, Mittags- und Abendgebeten wurden die unterschiedlichen liturgischen Traditionen der Kirchen sichtbar, die in kunstvoller Komposition stimmig und im Nachhinein hochgelobt Einzug in den Ablauf gefunden hatten. Auch ließen sie die Fremdheit der Anderen in einer sehr zugänglichen Art und Weise spürbar werden: Ob in einem disharmonisch wirkenden orthodoxen Gesang oder in einem Fürbittengebet mit (besonders für Deutsche befremdlich wirkender) hochgehaltener Landesfahne.

Die Einheit wurde anders sichtbar, in der Diskussion gemeinsamer Themen. Bei all den verschiedenen Missionsverständnissen, die zu den Weltmissionskonferenzen wieder aufgerollt werden könnten, spielte doch die Christuszentriertheit eine Rolle – selbstverständlich in den *Prayers,* aber auch im Motto der Nachfolge. Das Konferenzmotto „Zu verwandelnder Nachfolge berufen" wurde vor allem passivisch verstanden, also wie sich die Kirchen selbst im Hinblick auf Nachfolge verwandeln (lassen) möchten. Eine interne, nicht eine externe Mission.

Die gemeinsame Stimme wurde plötzlich lauter bei der Diskussion gemeinsamer Probleme, die es zu diskutieren gilt. Als Devise wurde *"Mission from the Margins"* nicht nur bei einem der nachmittäglichen *Sukonis* (Markt- und Mottostände zum Tagesthema) kurz thematisch angerissen, sondern zog sich vom ersten bis zum letzten Tag durch. Die Grundsatzfrage, wer die Marginalisierten seien, hatte für mich eine überraschend selbstkritische Komponente. Sie wurde nämlich auch mit Blick auf die *von Kirche* marginalisierten Gruppen gestellt – innerhalb und außerhalb der eigenen Reihen. Als hätte man gemerkt, dass man in einer ausreichenden Beantwortung dieser Frage mit zu viel Diversität konfrontiert würde, wurde die Antwort gefühlt schon im Vorhinein gegeben und ließ sich an den Eingeladenen zu Vorträgen und Podiumsdiskussionen ablesen: Frauen und Angehörige indigener Bevölkerungsgruppen. Bei aller Kritik muss dennoch gesagt werden, dass die Einbezogenheit dieser „Marginalisierten" auch und vor allem im afrikanischen Kontext, letztendlich sehr gelungen ist. Nicht zuletzt schafften es die einzelnen Rednerinnen durch inhaltliche Brillanz und herausragende Pointierung, die Schlaglichter der WMK zu bilden und noch wichtiger: aus einer Opferrolle herauszutreten. Die Eingangsrede der afrikanischen Theologin und Doktorandin in *Gender Studies,* Mutale Mulenga Kunda, bleibt mir mit der anschaulichen Einführung in ihren biografischen und theologischen Kontext in Erinnerung. Auch die Eröffnungspredigt von Najla Kassab Abousawan, Bischöfin aus Libanon und Syrien, machte emotional erfahrbar, was es hieß, als Frau Theologie zu studieren, als in ihrem Land noch keine Frauen ordiniert wurden. Die Frauenrechtlerin, die später die zweite anerkannte Theologin im Nahen Osten wurde, belichtete die Lage Syriens aus einem anderen Blickwinkel als der syrisch-orthodoxe Patriarch, der ebenfalls berührend, aber auf eine üblichere Podiumsredensart vom Leben der Christ*innen aus den Kriegsgebieten erzählte.

Frauenordination wurde kein Hauptthema, und trotzdem schien das Thema „binäre Geschlechtergerechtigkeit" für ökumenische Verhältnisse relativ gründlich bearbeitet. Dass es sich für mich als Ökumene-Neuling selbstverständlich anfühlte und ohne viele Widersprüche daherkam, zeigte mir, dass schon Schritte auf dem „Pilgerweg der Gerechtigkeit und des Friedens" gegangen worden sind. Das Urteil sollten jedoch lieber Teilnehmerinnen der *Pre-Women-Conference* fällen.

Bei allem Voranschreiten gab es dennoch auch Stillstand. Drei Tage dauerte es, bis in einer Podiumsdiskussion über und mit *Indigenous*

Peoples Bischöfin Petersen, die eigentlich die Inuit aus Grönland repräsentieren sollte, in einer Aufzählung „Homosexuelle" als marginalisierte Gruppe zum ersten Mal (!) im Plenum erwähnte. Dass danach in der Mittagspause an vielen Tischen darüber gesprochen wurde, zeigt, dass das Thema eigentlich die ganze Zeit im Raum schwebte, und es sich hierbei eben nicht um ein in einmütiger Wohlfühlatmosphäre zu diskutierendes „Problem" handelt. Dies ließ dann auch die Frage aufkommen, inwiefern eigentlich Partizipation der Teilnehmenden an diesen öffentlichkeitswirksamen Diskussionen gewünscht war.

In vielen Unterhaltungen wurde auf einen der *warsaws* (Workshops) verwiesen, der den Titel trug: *"Churches Say No to Homophobic Violence"*. Er war mir schon positiv bei der Durchsicht der Unterlagen aufgefallen, doch erst vor Ort erfuhr ich, dass hart erkämpft werden musste, dass er überhaupt stattfinden durfte. Der Workshop endete in einem Bekennendentreff und selbstverständlich keiner (selbst)kritischen Diskussion, doch war er damit ein Katalysator des wichtigen Bedürfnisses, zu Wort zu kommen. Als dann, erst in den letzten Stunden der Konferenz, während der Entwicklung des *"Arusha-Call"*, die Mikrofone für alle geöffnet wurden, erinnerte eine GETI[4]-Delegierte zitternd und anklagend zugleich an die Existenz der ganzen LGBTQI+-Community, die auch im Abschlusspapier unter den Marginalisierten keine Erwähnung gefunden hatte. Wenn man anfange, Gruppen zu benennen, ließe man automatisch andere außen vor, so die Reaktion. Diese scheinbar schlüssige Erklärung geht jedoch an einer anderen Wirklichkeit vorbei: das bewusste Verschweigen einer Gruppe und ihrer Themen mit hohem Spaltungspotenzial. Die vor der letzten Sitzung ausgeteilten positiven und negativen Stimm- bzw. Stimmungszettel wurden bei der öffentlichen Wortmeldung der GETI-Delegierten zu ungefähr gleichen Teilen unter wilden Zwischenrufen hochgehalten. Hier tun sich Gräben zwischen dem Globalen Norden und Süden, aber auch interessante Fragen auf. Zum Beispiel, wie sich Kirchen in Afrika überhaupt für diskriminierte Gruppen wie Homosexuelle engagieren können, wenn die Ablehnungswerte in der Bevölkerung teils über 90 Prozent liegen.[5]

---

[4] *Global Ecumenical Theological Institute* – das Konferenz begleitende Programm für Studierende.

[5] *Pew Research Center:* The Global Divide on Homosexuality. Greater Acceptance in More Secular and Affluent Countries, 4.6.2013, URL: www.pewglobal.org/2013/06/04/the-global-divide-on-homosexuality/ (aufgerufen am 30.04.2018).

Die Zukunft wird zeigen, ob endlich weitere Schritte gegangen werden oder ob wir stehenbleiben an einem Punkt der Diskussion, in der es noch darum geht, ob Homosexuelle überhaupt zu diskriminierten und marginalisierten Gruppen zählen (dürfen). Nach meinem Verständnis sollten wir, wie die Frau der Inuit, lernen, nicht nur für uns selbst zu sprechen, wenn die *"margins"* nicht zu Wort kommen (dürfen). Es ist kein Thema der Betroffenen, der Jugend oder des Westens. Aus diesem Grund sollten wir vor allem nicht das Thema mit westlichem Hochmut in die Diskussion einbringen und es auf dem Boden des Chauvinismus diskutieren. Die Diskussion würde schnell wieder abebben und direkt zwei Fronten aufbauen. Wir brauchen mehrere Seiten und Parteien, persönliche und theologische Zugänge, und wir brauchen Nüchternheit, das Thema als das zu behandeln, was es ist: eine Frage der Menschenwürde, Gerechtigkeit und der Liebe Gottes zu all seinen Geschöpfen. Und vielleicht ist auch gar nicht so wichtig, wie die Diskussion geführt wird, sondern dass sie erst einmal begonnen wird. Dazu bietet die nächste ÖRK-Vollversammlung die Möglichkeit, die 2021 in Karlsruhe stattfinden wird. Und die WMK 2018 sollte dahingehend auch ein Appell an das gastgebende Land sein, vernachlässigte Themen aufzugreifen.

Dass auf der Afrikanischen Kirchenkonferenz im Juli in Ruanda darüber gesprochen werden wird, ist meinem Eindruck nach illusorisch, wenn es die WMK nicht geschafft hat. Dennoch bietet das Thema dieser Generalversammlung afrikanischer Kirchen auch für die Zukunft der ökumenischen Bewegung die Möglichkeit, theologisch begründet ein inklusiveres Verständnis zu wagen – lautet das Thema doch: *"Respecting The Dignity and God's Image in Every Human Being".*

"Translating the Word, Transforming the World"

Erfahrungsbericht zum GETI-Programm 2018 in Arusha

Anna-Katharina Diehl[1]

Vom 5. bis 13. März 2018 fand das Global Ecumenical Theological Institute 2018 (GETI 2018) in Arusha (Tansania) unter der Überschrift "Translating the Word, Transforming the World" statt.[2] Dieses globale und ökumenische Kurzzeitstudienprogramm für 120 junge Theolog*innen im Alter von 22 bis 35 Jahren aus aller Welt wurde im Zusammenhang mit der Weltmissionskonferenz (WMK) des Ökumenischen Rates der Kirchen (ÖRK) unter dem Motto "Moving in the Spirit – Called to Transforming Discipleship" ausgerichtet. Bei dieser Weltmissionskonferenz ging es um die Frage, wie der Ruf in die christliche Nachfolge in den unterschiedlichen Teilen der Welt heute verstanden und gelebt wird und wie diese Nachfolge Menschen, Kirchen und Gesellschaften verändern kann.

War die Sache der christlichen Mission 1910 bei der ersten Weltmissionskonferenz in Edinburgh noch vorwiegend durch weiße Männer aus westlich-protestantischen Missionsgesellschaften vertreten worden, so zeigte die bunte, internationale und geschlechtlich gemischte Zusammensetzung der Weltmissionskonferenz in Arusha die veränderte Lage der Christenheit und seiner Mission auf. Es war nicht zu übersehen: 100 Jahre später hat sich das Christentum auf dem ganzen Globus und besonders rasant im globalen Süden ausgebreitet. Der frühere Gedanke von einer einlinigen Richtung christlicher Mission greift heute nicht mehr.[3]

---

[1]   Anna-Katharina Diehl ist Sondervikarin an der Missionsakademie der Universität Hamburg seit 1. Juni 2017.

[2]   Das erste GETI-Programm hatte 2013 im Zusammenhang mit der 10. Vollversammlung des ÖRK in Busan, Südkorea, stattgefunden.

Diese Realität wurde für die GETI-Teilnehmenden innerhalb ihrer international zusammengesetzten Kleingruppen erfahrbar, die zur vertieften Diskussion der zahlreichen Vorträge dienten und von erfahrenen Gruppenleiter*innen moderiert wurden. Der Austausch der Teilnehmenden über die eigenen Erfahrungen mit der Übersetzung des christlichen Glaubens in die unterschiedlichsten Kontexte stellte eine große Bereicherung des GETI-Programms dar. Hilfreich für den Austausch untereinander erwies sich die Methode der "Living Library", bei der sich einige Teilnehmende als „lebendige Bücher" mit einer persönlichen Lebensgeschichte für ein Gespräch mit anderen Teilnehmenden zur Verfügung stellten. So konnten Erfahrungen gezielt geteilt und Vorurteile überwunden werden.

Schon vor Beginn der WMK war man bei GETI 2018 sowohl in einer achtwöchigen e-learning-Phase als auch bei einem dreitägigen Zusammentreffen aller Teilnehmenden in den Räumlichkeiten der tansanischen Makumira-Universität vielen inhaltlichen Fragen nachgegangen. Referent*innen aus dem afrikanischen Kontext machten die GETI-Teilnehmenden mit der Entwicklung afrikanischer Theologie und Anliegen afrikanischer Spiritualität vertraut. Der als Vater der afrikanischen Theologie bekannte John Mbiti aus Kenia unterstrich, dass lange bevor das Christentum nach Afrika gekommen sei, die Menschen der traditionellen afrikanischen Religionen an einen einzigen Gott geglaubt hätten, sodass es ihnen leicht gefallen sei, den vom Christentum verkündigten Schöpfergott zu bekennen und Jesus Christus als seinen Sohn anzunehmen. Mbiti konstatierte, dass in Afrika der mündlichen Form der Theologie gegenüber der Buch-Theologie ein besonderer Stellenwert zukomme, da die Frömmigkeit hier vorrangig wie zur Zeit der frühen Christen durch Erzählungen und Lieder weitergegeben würde.

Die „Mutter" der feministischen Theologie in Afrika, Mercy Amba Oduyoye, und die Theologin Esther Mombo stellten heraus, dass die meisten Theologien von Männern stammten und die Bibel immer wieder genutzt worden sei, um Frauen zu unterdrücken. Doch ein *"one-wing-bird"* könne nicht fliegen. Darum plädierten die beiden Frauen für eine Theologie von Frauen für Frauen, die den jeweiligen Kontext, die Sprache und die Erfahrungen von Frauen berücksichtige. Jede Form der geschlechtsbasierten Gewalt müsse durch diese Theologie verurteilt und der befreiende

---

[3]   Vgl. dazu: *Kirsteen Kim:* Mission's Changing Landscape: Global Flows and Christian Movements; in: International Review of Mission 100 (2011), 244 f.

Aspekt des Evangeliums herausgestellt werden. Die feministische Theologie dürfe keine Theologie nur innerhalb eines Klassenraumes bleiben, sondern akademisches Denken und die Relevanz für die Praxis müssten hier zusammenkommen.

Vorträge und Diskussionen gab es außerdem zum Thema Weltchristenheit und Interkulturelle Theologien. Hier wurde unter anderem der Frage nachgegangen, wie angesichts von Migrationsbewegungen und einer sich immer globaler gestaltenden Welt christliche Gemeinschaften in diesem neuen Kontext ein zu Hause finden können.

Auch beschäftigte man sich mit dem Thema des interreligiösen Dialogs, das für viele Teilnehmende eine besondere Herausforderung darstellte. Joas Adiprasetya unterstrich in seinem Vortrag, dass Jesus als Freund angesehen werden könne. Wegen seiner Freundschaft zu uns Christen könnten wir auch Freundschaften mit denen pflegen, die so ganz anders seien als wir selbst. So könnten diese „Freund*innen" als ein Geschenk von Gott begriffen werden.

Ein zentraler Fokus von GETI 2018 lag auf dem Thema Klimawandel und Bewahrung der Schöpfung. Die Film-Dokumentation "Miti ya Maisha – Trees of Life: Climate Change, Food Security and Sustainability" führte drastisch die Auswirkungen des Klimawandels für die Bewohner der Karibischen Inseln vor Augen. Neilson A. Waithe und Manoj Kurian betonten in ihren Vorträgen die Verantwortung aller Christ*innen gegenüber der Erde. In Genesis 9 habe Gott den Regenbogen als Bund zwischen sich und seiner ganzen Schöpfung aufgespannt, die nicht nur den Menschen, sondern auch Tiere und Pflanzen miteinschließe. Die Menschen müssten das große Ganze im Blick behalten, anstatt nur ihren eigenen kleinen Kontext vor Augen zu haben. Jeder müsse sich die Frage stellen: Wie kann ich ein demütigeres Leben führen? In einer Podiumsdiskussion machten GETI-Teilnehmende aus verschiedenen Teilen der Welt auf die jeweiligen ökologischen Probleme ihrer Kontexte aufmerksam. Mit einer Gemeinschafts-Aktion sollte ein Exempel für einen grüneren Planeten statuiert werden: Die GETI-Teilnehmenden pflanzten zwölf kleine Bäume auf dem Gelände der Makumira-Universität. Außerdem besuchten sie nach einem Empfang durch Bischof Shoo der *Evangelical Lutheran Church of Tanzani*a (ELCT) verschiedene Biogas-Projekte, die von der Lutherischen Kirche vor Ort unterstützt werden.

Nicht ganz deutlich wurde die Tatsache, dass auch im tansanischen Kontext bereits viele Menschen unter den Folgen des Klimawandels leiden. „Zu den Folgen, mit denen die Menschen dort zu kämpfen haben, gehören Dürren und Wassermangel, aber auch Starkregen und Überschwemmungen. Beides führt zur Vernichtung von Ernten. Wie kein anderer Sektor ist die afrikanische Landwirtschaft vom Wetter abhängig. Rund 70 Prozent der afrikanischen Bevölkerung leben von der Landwirtschaft."[4] Dabei trägt das überwiegend nicht-industrialisierte Tansania selbst nicht besonders viel zum Klimawandel bei. Es sind vielmehr die Kohlekraftwerke, die Nutzung von Flugzeugen und der gesamte Lebensstandard der Menschen aus den Industrienationen, welche zum Voranschreiten des Klimawandels führen. Als privilegierte Besucher der WMK konnte sich jedenfalls kaum eine*r aus der Verantwortung in dieser Frage stehlen.

Am 8. März 2018 begann schließlich die eigentliche WMK mit über 1.000 Personen im Konferenzzentrum der Ngurdoto Mountain Lodge in Arusha. GETI 2018 beteiligte sich inhaltlich und kreativ mit eigenen Beiträgen an der Konferenz. So übernahmen GETI-Teilnehmende die Gestaltung einer Mittagsandacht, eines so genannten *sokoni* (Marktplatzes), auf dem neben Kunst und Musik auch Ideen aus der Missionspraxis untereinander ausgetauscht wurden, sowie die Gestaltung eines anderthalbstündigen Abendprogramms, das sich um Geschichten und Gedichte zum Thema Liebe und Freundschaft drehte.

Die Betonung der Befreiung und Ermächtigung von Frauen war auf der WMK unter dem Stichwort *"Mission from the Margins"*[5] ein großes Thema. Es ist im afrikanischen Kontext besonders relevant, da Frauen hier unter großer Benachteiligung leiden. „Noch immer kämpfen sie gegen Zwangsheirat, weibliche Genitalverstümmelung und gefährliche Rituale. Sie leiden unter ungewollten Schwangerschaften, begrenztem Zugang zu Bildung und mangelhafter Gesundheitsvorsorge."[6] Auch gibt es einen Erlass des derzeitigen Staatspräsidenten Magufuli, schwangere Schülerinnen aus der Schule auszuschließen.[7] Gut, dass viele der Vortragenden der WMK Frauen waren, so auch die GETI-Teilnehmerin Mutale Mulenga Kaunda aus Zambia, die ihre schwierige Lebensgeschichte mutig mit den Konferenzteilnehmer*innen teilte.

---

[4]   Siehe http://klimaretter.hamburg/tanzania-und-klimawandel/ (aufgerufen am 26.03.2018).

[5]   Die Formulierung "mission from the margins" stammt aus dem Ökumene-Papier: Together Towards Life (TTL): Mission and Evangelism in Changing Landscapes, hg. von der *Commission on World Mission and Evangelism* (CWME), Crete 2012, §§ 36–42.

[6]   Tansania – Ein Land im Umbruch, hg. vom *Evangelischen Missionswerk in Deutschland* (EMW), Hamburg 2018, 20.

[7]   Vgl. *EMW,* Tansania – Ein Land im Umbruch, 21.

Kontrovers wurde unter den GETI-Teilnehmenden die Tatsache diskutiert, dass trotz der Beschäftigung mit dem Thema *"Mission from the Margins"* auf der WMK die Nennung der LGBTQ-Bewegung (Lesbian-Gay-Bisexual-Transgender-Queer) vermieden wurde. Grund dafür könnte die weit verbreitete Meinung vieler Christ*innen sein, dass Homosexualität Sünde sei und nicht geduldet werden dürfe. Besonders im afrikanischen Kontext, in dem das Christentum stark von den Werten und Denkweisen der traditionellen Stammesreligionen geprägt ist, wird Homosexualität als höchst verwerflich angesehen. Hier gilt: „Das Leben zu erhalten ist das wirkliche Ziel allen religiösen Tuns. (...) Der Einzelne ist nichts als Empfänger des Lebens und ist verpflichtet es weiterzugeben."[8] Vor diesem Hintergrund werden andere Verbindungen als die zwischen Mann und Frau als lebensbedrohlich angesehen. Ungeachtet dieses Hintergrundes erfuhren einige GETI-Teilnehmende die Nicht-Beschäftigung mit der LGBTQ-Bewegung als höchst verletzende Marginalisierung.

Ein besonderes Highlight der WMK für viele „GETIs" waren die Sonntagsgottesdienste in unterschiedlichen tansanischen Gemeinden, an denen wir in Kleingruppen teilnahmen. Neben den traditionellen Kirchen, wie der römisch-katholischen oder der evangelisch-lutherischen, sind in Afrika neue Denominationen wie die *African Initiated Churches* entstanden. Besonderen Zuwachs erhalten gegenwärtig vor allem Pfingstgemeinden, die mittlerweile bereits ein Viertel der gesamten Christenheit ausmachen.[9]

Auf der Beschäftigung mit den rasant wachsenden Pfingstchristen in Afrika hätte nach Meinung einiger GETI-Teilnehmender noch ein größerer Fokus sowohl im GETI-Programm als auch bei der WMK liegen können. Zumindest gab für GETI-Teilnehmende die Möglichkeit, an einem der Workshops der WMK teilzunehmen, um eigene Interessen zu vertiefen. Der Workshop *"Ordination and Ministry"* war insofern für mich interessant, als dass hier unter anderem Vertreter*innen der unterschiedlichen Denominationen Afrikas über ihr Ordinationsverständnis und ihre Ordinationspraxis Auskunft gaben. Ein Vertreter einer Pfingstkirche berichtete, dass in seiner Kirche christliche Mission nicht etwa von theologisch ausgebildeten Pastoren*innen durchgeführt würde, sondern vielmehr von inspirierten Gläubigen ausgehe, die sich durch den Heiligen Geist zu Tausenden

---

[8] *Theo Sundermeier:* Nur gemeinsam können wir leben, Gütersloh 1995, 23 f.
[9] Vgl. Von allen Enden der Erde. Die neuen Landschaften der Weltchristenheit, hg. vom *Evangelischen Missionswerk in Deutschland,* Jahresbericht (2013/2014), 18.

ermächtigt sehen, Zeugnis von ihrem Glauben abzulegen. Hier tat sich für mich die Frage auf, ob ohne autorisiertes Amt in Pfingstkirchen eine Bewahrung von kirchlicher Tradition und die theologisch-kritische Reflexion von Glaubensinhalten gewährleistet werden kann. Von Seiten der afrikanischen Theologin Mercy Amba Oduyoye wurde das Problem benannt, dass in Afrika eine Vielzahl von sogenannten „falschen Propheten" aufträten, die sich als vollmächtige und vom Geist autorisierte Gemeindeleiter ausgäben, um dann die Menschen finanziell auszunutzen. Auch sei die Verkündigung eines Wohlstandsevangeliums weit verbreitet, das den Menschen verspreche, wenn sie sich nur zu Jesus bekennten, würden sie reich werden.

Diese Schilderungen sollen auf der einen Seite die Sinnhaftigkeit einer geordneten Wortverkündigung durch eine*n berufene*n, theologisch gebildete(n) Amtsträger*in (vgl. Confessio Augustana, Art. V) unterstreichen. Auf der anderen Seite stellt sich mir die Frage, welchen Stellenwert die theologische Reflexion für die Bewertung einer christlichen Kirche haben darf. In einem kaum industrialisierten Kontext wie Tansania,[10] in dem die Bereitstellung einer qualitativ hochwertigen Bildung schwierig ist,[11] sind die Voraussetzungen für eine hochwertige theologische Reflexion des christlichen Glaubens jedenfalls nicht überall gegeben. Die Pfingstbewegung könnte vor diesem Hintergrund im Sinne der Idee *„Mission from the Margins"* als eine Ermächtigung derjenigen durch den Heiligen Geist angesehen werden, die sich am Rand der Gesellschaft und jenseits eines Zugangs zu Bildung befinden.

Insgesamt überwog ein handlungsorientierter Tenor sowohl beim GETI-Programm als auch auf der gesamten WMK: Der Aufruf zur christlichen Nachfolge, die sich in den Dienst der Schöpfung, der Nächsten – vor allem der Marginalisierten stellt, bildete den roten Faden durch alle Veranstaltungen. Viele Vorträge der WMK blieben aber an der Oberfläche, wenn es darum ging, die christliche Nachfolge zu konkretisieren. So wurde beispielsweise zwar das Thema Marginalisierung von Frauen intensiv behan-

---

[10] Die überwiegende Mehrheit der tansanischen Bevölkerung lebt oft ohne Geld auf dem Land und ernährt sich von dem, was sie mit ihren eigenen Händen erwirtschaftet und angebaut hat. Die Kinder müssen bei der Bestellung der Felder und beim Hüten der Kühe helfen, sodass sie trotz der allgemeinen Schulpflicht häufig nicht in die Schule geschickt werden. „14,2 Prozent der Kinder zwischen 7 und 13 Jahren (gehen) nicht zur Schule" (*EMW*, Tansania – Ein Land im Umbruch, 47).

[11] *EMW*, Tansania, 48.

delt, doch das Thema Frauenordination ausgespart. Dies mag den vielgestaltigen Kontexten und Hintergründen geschuldet sein, aus denen die Konferenzteilnehmer*innen stammen. Konfessionelle Unterschiede sowie theologische Differenzen wurden jedenfalls nicht in den Mittelpunkt gerückt. Diese theologischen Diskussionen verlagerten sich somit auf die Kleingruppen während der Bibelarbeiten und der GETI-Gruppen. Die Konzentration auf das Feiern der Gemeinsamkeiten hatte aber auch zur Folge, dass eine überwiegend konstruktive und gemeinschaftsfördernde Grundatmosphäre auf der gesamten Konferenz herrschte.

Vom Geist bewegt – zu verwandelnder Nachfolge berufen

Aufruf von Arusha zur Nachfolge

Die Konferenz für Weltmission und Evangelisation des Ökumenischen Rates der Kirchen fand vom 8. bis 13. März 2018 in Arusha (Tansania) statt. Mehr als 1.000 Personen nahmen daran teil. Sie alle engagieren sich in der Mission und Evangelisation und gehören verschiedenen christlichen Traditionen aus aller Welt an.

Freudig haben wir das lebensspendende Wirken von Gottes Geist in unserer Zeit gefeiert und uns dabei insbesondere vom afrikanischen Kontext und der afrikanischen Spiritualität inspirieren lassen. In Bibelstudien, im Gebet und in Gottesdiensten sowie beim Berichten über unsere jeweiligen Erfahrungen wurden wir ermutigt, Zeuginnen und Zeugen für die Herrschaft Gottes zu sein, die uns durch das Leben, die Kreuzigung und die Wiederauferstehung unseres Herrn Jesus Christus zuteil wurde.

Trotz einiger Hoffnungsschimmer waren wir mit todbringenden Kräften konfrontiert, die die Weltordnung erschüttern und vielen Menschen Leid bringen. Wir mussten klar erkennen, dass die schockierende Anhäufung von Reichtum durch ein einziges globales Finanzsystem einige wenige Menschen sehr reich und sehr viele sehr arm macht. Dies ist die Grundursache für viele der derzeitigen Kriege und Konflikte, für die Umweltzerstörung und das Leid. Uns ist bewusst, dass die Menschen am Rand der Gesellschaft die schwerste Last tragen. Das weltweite imperiale System hat den Finanzmarkt zu einem Götzen unserer Zeit gemacht und die Kulturen der Vorherrschaft und der Diskriminierung gestärkt, die immer noch Millionen von Menschen gesellschaftlich marginalisieren und ausschließen und sie so verwundbar und anfällig für Ausbeutung machen.

Die Probleme sind keine neuen Probleme im Jahr 2018, aber der Heilige Geist wirkt auch in unserer Zeit und ruft uns als christliche Gemeinschaften dringend auf, darauf mit einer Veränderung unseres individuellen und gemeinschaftlichen Verhaltens und verwandelnder Nachfolge zu reagieren.

Die christliche Nachfolge ist sowohl eine Gabe als auch der Aufruf, proaktive Erfüllungsgehilfinnen und -gehilfen Gottes dabei zu sein, die Welt zu verwandeln. Durch das, was die ersten Theologen der Kirche als

ÖR 67 (3/2018), S. 395–397

„Theosis" oder Vergöttlichung bezeichneten, teilen wir Gottes Gnade, wenn wir uns an Gottes Mission beteiligen. Dieser Weg der Nachfolge führt uns dahin, Gottes in Jesus Christus offenbarte Liebe kundzutun und praktisch zu leben, indem wir auf eine Art und Weise nach Gerechtigkeit und Frieden streben, die anders ist als auf dieser Welt (Joh 14,27). Wir reagieren so auf Jesu Aufruf, ihm von den Rändern unserer Welt her nachzufolgen.

Als Einzelne wie auch gemeinschaftlich gilt für uns als Jüngerinnen und Jünger Jesu Christi:

Wir sind durch unsere Taufe zu verwandelnder Nachfolge aufgerufen: zu einer mit Christus verbundenen Lebensweise in einer Welt, in der viele Menschen unter Hoffnungslosigkeit und Verzweiflung, Ablehnung und Zurückweisung, Einsamkeit und dem Gefühl der Wertlosigkeit leiden.

Wir sind aufgerufen, in einer Zeit, in der viele dem falschen Gott des Marktsystems huldigen, den dreieinigen Gott, den Gott der Gerechtigkeit, der Liebe und der Gnade anzubeten.

Wir sind aufgerufen, in einer von Gewalt geprägten Welt, in der viele den Götzen des Todes geopfert werden und viele das Evangelium noch nicht vernommen haben, die frohe Botschaft von Jesus Christus – die Fülle des Lebens, Buße für unsere Sünden und die Vergebung derselben, die Verheißung des ewigen Lebens – in Wort und Tat zu verkünden.

Wir sind aufgerufen, uns freudig im Sinne des Heiligen Geistes zu engagieren, der Menschen an den Rändern der Gesellschaft als seine Stellvertreterinnen und Stellvertreter im Streben nach Gerechtigkeit und Würde ermächtigt.

Wir sind aufgerufen, das Wort Gottes in einer Welt zu vernehmen und zu verstehen, in der viele widersprüchliche, falsche und verwirrende Botschaften gesendet werden.

Wir sind aufgerufen, Gottes Schöpfung zu bewahren und solidarisch zu sein mit den Völkern und Nationen, die der Klimawandel aufgrund der rücksichtslosen und allein auf den Menschen bezogenen Ausbeutung der Umwelt um unserer Habgier und unseres Konsumdenkens willen besonders hart trifft.

Wir sind aufgerufen, in einer Welt, die auf Marginalisierung und Ausgrenzung aufbaut, als Jüngerinnen und Jünger in einer gerechten und integrativen Gemeinschaft, in unserem Streben nach Einheit und auf unserer ökumenischen Reise zusammenzuhalten.

Wir sind aufgerufen, im Dialog mit Angehörigen anderer Religionen in einer Welt, in der die Politisierung religiöser Identitäten oftmals zu Konflikten führt, treue Zeuginnen und Zeugen für Gottes verwandelnde Liebe zu sein.

Wir sind aufgerufen, dienende Anführerinnen und Anführer zu sein, die den Weg Christi vorleben in einer Welt, die die Mächtigen, Reichen und die Kultur des Geldes begünstigt und mit Privilegien ausstattet.

Wir sind aufgerufen, Mauern niederzureißen und nach Gerechtigkeit für jene Menschen zu streben, die enteignet und entrechtet und von ihrem Land vertrieben wurden, wie zum Beispiel Migrierende, Flüchtlinge und Asylsuchende, und uns der Schaffung neuer Grenzen zu widersetzen, die Menschen voneinander trennen und töten.

Wir sind aufgerufen, den Weg des Kreuzes zu gehen, der Elitedenken, Privilegien für Einzelne und individuelle und strukturelle Formen von Macht missbilligt und moniert.

Wir sind aufgerufen, unser Leben im Lichte der Auferstehung zu gestalten, die hoffnungsvolle Möglichkeiten für Veränderung bietet.

Dies ist ein Aufruf zu verwandelnder Nachfolge.

Es ist aber kein Aufruf, dem wir allein aus eigener Kraft heraus Folge leisten können, daher ist er letztendlich ein Aufruf zum Gebet:

Liebender Gott, wir danken dir für das Geschenk des Lebens in all seiner Vielfalt und Schönheit. Herr Jesus Christus, der du gekreuzigt und auferstanden bist, wir lobpreisen dich, dass du gekommen bist, um die Verlorenen zu finden, die Unterdrückten zu befreien, die Kranken zu heilen und die ichbezogenen Menschen zu verwandeln. Heiliger Geist, wir frohlocken, dass du der Welt Leben einhauchst und dass du herausströmst und dich in unsere Herzen ergießt. Mögen wir mit dem Heiligen Geist wandeln, wie wir im Heiligen Geist leben. Gib uns den Glauben und das Vertrauen und den Mut, unser Kreuz zu schultern und Jesus Christus nachzufolgen – und so Pilgerinnen und Pilger unserer Zeit für Gerechtigkeit und Frieden zu werden. Für den Segen deines Volkes, die Erhaltung der Erde und zur Ehre deines Namens. Durch Christus, unseren Herrn. Amen.

13. März 2018
Ökumenischer Rat der Kirchen –
Konferenz für Weltmission und Evangelisation

Ich habe einen Traum mit euch zu teilen

Ich träumte, dass in diesen vergangenen Tagen Jesus nach Arusha kam. Jesus kam zu der Weltkonferenz für Mission und Evangelisation. Und während er herumging und sah und hörte, hörte er unsere Gespräche, er saß in unseren Workshops und Plenarversammlungen. Auf seinem Weg hielt er viele von uns an, und sein Blick forderte uns heraus. Er sah jedem/r von uns in die Augen; und in diesem Augenblick hörte vielleicht jede/r von uns wieder dieselbe verwandelnde Einladung, die er an seine ersten Jünger vor so langer Zeit richtete: „Kommt, folgt mir nach" (Mt 4,19).

Ich fühlte mich unwohl und auch gekränkt. In meinem Traum wagte ich zu sagen: „Herr, ich folge Dir nach, ich bin Dein Jünger. Ich bin ein Bote Deiner Guten Nachricht!" Und Jesus lächelte und nickte zustimmend. Aber da war eine Traurigkeit in seinen Augen. Er schien zu sehen, dass bei all unserem Anspruch auf seine Nachfolger da etwas war, das wir nicht ganz begriffen oder verstanden hatten hinsichtlich der Mission, mit der er uns betraut hatte.

Es gibt ein Gedicht von einem anglikanischen Geistlichen, geschrieben vor etwa hundert Jahren in der Zeit der schrecklichen Umbrüche des Ersten Weltkrieges. Der Autor gab ihm den Titel „Gleichgültigkeit". Es erzählt, was geschah, als Jesus nach Birmingham in England kam, oder vielleicht nach Arusha oder wo immer hin, wo Christen versammelt sind:

Als Jesus nach Golgatha kam, hängten sie Ihn an einen Baum,
Sie trieben große Nägel durch seine Hände und Füße und machten eine Kalvaria;
Sie krönten Ihn mit einer Dornenkrone, rot waren seine Wunden und tief,
Denn es waren rohe und grausame Tage und menschliches Fleisch war billig.

Als Jesus nach Birmingham kam (oder wo auch immer hin), ließen sie Ihn einfach vorbeigehen,
Sie krümmten Ihm kein Haar, sie ließen Ihn lediglich sterben;
Denn die Menschen waren sanfter geworden, und sie fügten Ihm keine Schmerzen zu,
Sie gingen nur einfach die Straße entlang und ließen Ihn im Regen liegen.

Noch immer sprach Jesus: „Vergib ihnen, denn sie wissen nicht, was sie tun".
Und der Winterregen fiel immer weiter und durchnässte ihn durch und durch;
Die Menge ging nach Hause und ließ die Straßen ohne Menschenseele zurück.
Und Jesus kauerte sich an eine Wand und schrie nach Kalvaria.

(G. Studdert Kennedy, 1883–1929)

Es gibt keine billige Gnade; es gibt keine billige Mission oder Evangelisation. Zu oft haben wir und unsere Kirche nicht erkannt, was Dietrich Bonhoeffer so tief in dem Drama seiner eigenen Gefangenschaft erfuhr: Gott kommt uns nicht zu Hilfe, errettet uns nicht aus seiner Allmacht, sondern aus seiner Schwäche. Und darum ist es so, dass „uns nicht billig sein kann, was Gott teuer ist". In seinem Moment größter Schwachheit, am Kreuz, erlöste Jesus die Welt. Zu oft wollen wir und unsere Kirchen die Jüngerschaft ohne das Kreuz, wir wollen evangelisieren ohne die Kosten der Nachfolge!

Weil wir und unsere Kirchen Mittel haben, weil wir Ideen und Pläne haben, vertrauen wir auf unseren Erfolg. Die tödlichste Gefahr für die Nachfolge und Evangelisation ist es, aufzuhören auf die Gnade zu bauen, um sich auf menschliche und materielle Stärke zu stützen. Im Grunde machen wir Gott überflüssig, während wir die ganze Zeit sagen, dass wir sein Werk tun.

Nicht alle unsere Schwestern und Brüder begehen diesen Fehler. Die Märtyrer aller Zeiten und die von heute, in Afrika, im Nahen Osten, in Asien und Lateinamerika vertrauten und vertrauen einzig auf die erlösende Gnade Christi. In ihren Augenblicken größter Schwäche, in ihrer Demütigung und ihrer Pein, wird Gnade wirklich und auf einzigartige Weise wirksam. Indem sie ihr Leben „verlieren", sind sie in der Lage, Christus wieder in unsere Welt zu bringen. Sie sind Zeugen dafür, dass es ohne das Kreuz keine Auferstehung gibt.

Als die Weltmissionskonferenz ihrem Ende zuging, träumte ich, dass die Traurigkeit fast aus den Augen Jesu verschwunden war. Er hatte gehört, wie wir davon sprachen, „das Kreuz zu umarmen", „verwandelte Jünger, um die Welt zu verwandeln" zu werden. Er schien überzeugt davon, dass wir nach Hause zurückkehren würden, um unsere Kirchen daran zu erinnern, dass Gnade in der Schwäche gegeben wird, nicht in irdischer Macht: „Was schwach ist vor der Welt, das hat Gott erwählt, damit er zuschanden mache, was stark ist" (vgl. 1 Kor 1,27).

Es scheint mir, dass Jesus als Ergebnis der Weltkonferenz in Arusha von uns erwartet, dass wir unsere Kirchen aufrufen:

– Gemeinschaften von missionarischen Jüngern zu sein, die „vorangehen", Gemeinschaften, die kühn die Initiative ergreifen, zu anderen
gehen, diejenigen aufsuchen, die sich entfernt haben, am Scheideweg stehen, und die Ausgestoßenen willkommen heißen … die das
leidende Fleisch Christi in anderen berühren; Gemeinschaften, die
für das Korn sorgen und nicht ungeduldig werden mit dem Unkraut;
– Gemeinschaften zu sein, die Abstände überbrücken, die zusammen-
arbeiten und vorangehen, die ihre Unterschiede nicht dazu einsetzen, um getrennt und selbstgenügsam zu bleiben;
– evangelisierende Gemeinschaften zu sein, die mit der Freude des
Evangeliums erfüllt sind, die die Herzen und das Leben aller er-
wärmt, die Jesus begegnen, weil diejenigen, die sein Angebot der
Erlösung annehmen von Sünde, Sorge, innerer Leere und Vereinsa-
mung befreit sind.

Wenn wir Jesus sehen, wie er sich an die Wand lehnt und sich nach
Golgatha und dem Kreuz sehnt, sollten wir niemals Angst haben; versam-
meln wir uns um Ihn und richten Ihn auf, und gehen voran mit Ihm, im
Heiligen Geist, um das Evangelium allen Geschöpfen zu predigen. Amen.
So sei es.

Brian Farrell

(Bischof Brian Farrell ist Titularbischof von Abitinae der römisch-
katholischen Kirche und Sekretär des Päpstlichen Rates zur Förderung
der Einheit der Christen, ebenso Vizepräsident der Kommission des
Heiligen Stuhls für die Beziehungen zum Judentum.
In dieser Eigenschaft organisiert er die Aktivitäten des Rates, insbe-
sondere die unterschiedlichen internationalen theologischen Dialoge
mit ökumenischen Partnern.)

Übersetzung aus dem Englischen: Dr. Wolfgang Neumann

Ausgerüstet für die Nachfolge – das Kreuz umarmen

Lukas 24, 1–12[1]

Aber am ersten Tag der Woche sehr früh kamen sie zum Grab und trugen bei sich die wohlriechenden Öle, die sie bereitet hatten. Sie fanden aber den Stein weggewälzt von dem Grab und gingen hinein und fanden den Leib des Herrn Jesus nicht. Und als sie darüber ratlos waren, siehe, da traten zu ihnen zwei Männer in glänzenden Kleidern. Sie aber erschraken und neigten ihr Angesicht zur Erde. Da sprachen die zu ihnen: Was sucht ihr den Lebenden bei den Toten? Er ist nicht hier, er ist auferstanden. Gedenkt daran, wie er euch gesagt hat, als er noch in Galiläa war und sprach: Der Menschensohn muss überantwortet werden in die Hände der Sünder und gekreuzigt werden und am dritten Tage auferstehen. Und sie gedachten an seine Worte. Und sie gingen wieder weg vom Grab und verkündigten das alles den Elf und allen andern Jüngern. Es waren aber Maria Magdalena und Johanna und Maria, des Jakobus Mutter, und die andern Frauen mit ihnen; die sagten das den Aposteln. Und es erschienen ihnen diese Worte, als wär's Geschwätz, und sie glaubten ihnen nicht. Petrus aber stand auf und lief zum Grab und bückte sich hinein und sah nur die Leinentücher und ging davon und wunderte sich über das, was geschehen war.

Am 25. Juni 2015 reisten Schwester Mary Tutt und ich von der Allen African Methodist Episcopal (AME) Church in White Plains, New York, nach Charleston, South Carolina, zu der Mother Emanuel AME Church. Nur Tage vorher hatte sich in dieser Kirche das Attentat ereignet, bei dem neun Afroamerikaner*innen während einer Bibelstunde erschossen wurden. Als wir am Ort des Verbrechens ankamen, hatte sich eine lange Schlange auf der Straße vor der Kirche gebildet. All diese Menschen wollten dem in der Kirche aufgebahrten Gemeindepastor Clementa C. Pinckney, der zu den Opfern

---

[1] Bibelarbeit 4 auf der Weltmissionskonferenz in Arusha, 13. März 2018.

des Anschlags gehörte, die letzte Ehre erweisen. Wir waren nach unserer Ankunft in Charleston direkt zur Kirche gegangen, und dennoch konnten wir erst einige Minuten vor Toresschluss hinein. Wir stießen auf bekannte Gesichter und reihten uns sofort in die Warteschlange ein. Als wir dann den Altarraum der Mother Emanuel Church betraten, wurden wir darum gebeten, auf Handys und Fotos zu verzichten, eine Frage des Respekts gegenüber der Familie des Pastors.

Am 17. Juni 2015 wurden neun Menschen zu Märtyrern. Wir standen vor dem leblosen Körper von einem von ihnen, gekleidet in ein wunderschönes Gewand, das die Hingabe widerspiegelte, mit welcher der Pastor die frohe Botschaft Jesu verkündet und den Menschen, die dem Weg der frohen Botschaft folgen wollten, gedient hatte. Als ich an dem Sarg vorüberging, fragte ich mich, was ich in Charleston sehen wollte, was so wichtig an dieser Totenwache war, dass ich mich mit Schwester Tutt dafür auf den Weg gemacht hatte. Warum hatte es nicht gereicht, in White Plains einen Protestmarsch zu organisieren und dem Anschlag zu gedenken? Warum verspürte ich den Drang, der Beerdigung in der TD Arena beizuwohnen und mit der Glaubensgemeinschaft zu trauern, welche die Gemeinde der AME Church umfasste, aber auch weit darüber hinausreichte?

Ich konnte einfach keine Antworten auf diese Fragen finden. Dennoch zieht es meine Seele immer noch nach Charleston; das Blut, das durch meine Adern fließt, ruft nach dem vergossenen Blut der Ermordeten; meine Füße sind immer noch bereit, loszugehen, wenn ich an das Attentat vom Juni 2015 denke.

Womanistische Theologie

Womanistische Theologie entspringt der Schwarzen Befreiungstheologie, sowie auch teilweise der lateinamerikanischen Befreiungstheologie. Die Entwicklungsgeschichte der womanistischen Theologie verläuft parallel zu der Entwicklung der postkolonialen Theologie und ist stark mit dieser verknüpft. Sicherlich geht dabei die Womanistische Theologie den anderen Theologien in mancherlei Hinsicht voraus, indem sie zum Beispiel ehrwürdige moralische Codes, theologische Prinzipien und konstruktive Vorschläge, Gemeinschaft zu leben, mit einbindet. In erster Linie lässt sich die Womanistische Theologie, die sich in den Vereinigten Staaten herausbildet, jedoch als eine theologisch-ethische Antwort auf den transatlantischen Sklavenhandel und die Frauen der Afrikanischen Diaspora herleiten, die durch den Sklavenhandel und dessen Erbe beeinflusst und geformt wurden.

In ihrer Erzählung "Coming Apart" (1979) schreibt Alice Walker: „Ein*e Womanist*in ist wie ein*e Feminist*in, nur gewöhnlicher."[2] Nur ein paar Jahre danach kann man bei ihr eine erweiterte Definition zum Womanismus in ihrer Sammlung von Essays "In Search of Our Mothers' Gardens" (1983) finden: „Liebt Musik. Liebt Tanz. Liebt den Mond. Liebt den Geist. Liebt Liebe und gutes Essen und Rundungen. Liebt die Auseinandersetzung. Liebt die Gemeinschaft. Liebt sich selbst. Allem zum Trotz."[3] Dolores S. Williams war die Erste, die Walkers womanistisches Konzept in theologischen Studien weiterentwickelt hat und die den Begriff „womanistische Theologie" geprägt hat.

Man könnte annehmen, dass der kurze Abriss der Geschichte der womanistischen Theologie eher nebensächlich für eine Bibelarbeit über Lukas 24, 1–12 ist, doch dem ist nicht so. Das womanistische Gedankengut und die womanistische Theologie legen ein besonderes Augenmerk auf das Sterben und den Tod all jener Menschen, die mit den Worten von Katie G. Cannon als "hyper(in)visible", also „äußerst (un)sichtbar" beschrieben werden.[4] Diese Bezeichnung wird verwendet, um die Art und Weise zu beschreiben, wie die Körper schwarzer Frauen auf der einen Seite sehr sichtbar sind und für Unterdrückung, Leiden und Vernichtung wie gemacht zu sein scheinen. Auf der anderen Seite aber werden sie in einer menschlichen Gesellschaft, die darauf beruht, dass sie in allen Bereichen des Handelns und Denkens umfassend mitgestaltet werden kann, ignoriert, ausradiert und als inexistent betrachtet. Wie die Frauen am Grab – „Maria Magdalena und Johanna und Maria, des Jakobus Mutter, und die anderen Frauen mit ihnen" – sind auch Walker, Williams und Cannon unter jenen, die zu den Gräbern und den Orten des Sterbens und des Todes gehen. Sie gehen nicht nur hin, um zu sehen, was nach der Kreuzigung und dem Tod Jesu geschah, bereit zu entdekken, was von seinem toten Körper geblieben ist und bereit, den leblosen Körper Jesu auch noch im Tode zu ehren. Sie gehen auch, um zu sehen, was nach der Ermordung unzähliger schwarzer Frauen, schwarzer Männer,

2   *Alice Walker:* Coming Apart; in *Layli Phillips* (ed.): The Womanist Reader, New York 2006, 7, 11.
3   *Dies.:* In Search of Our Mothers' Gardens: Womanist Prose, 1st ed., San Diego 1983.
4   *Katie G. Cannon:* Sexing Black Women: Liberation from the Prisonhouse of Anatomical Authority; in: *Dwight N. Hopkins and Anthony B. Pinn* (eds.): Loving the Body: Black Religious Studies and the Erotic, Basingstoke 2007, 11–30.

schwarzer Kinder und all jener geschah, die in den Bereich der *hyper(in)vi-sibility* gedrängt wurden. Sie (und wir, die wir den drei Bahnbrecher*innen auf ihrem Weg folgen) gehen zu den alten und vergessenen Gräbern von Rebecca Jackson und Recy Taylor; sie (und wir, die wir den Bahnbrecher*innen auf ihrem Weg folgen) gehen zu den frischen Gräbern von Anthony Lamar Smith, Sandra Bland und Kiwi Herring.

Der konkrete Umgang mit Befreiung, Leiden und Auferstehung in womanistischer Theologie, wie er bei Williams entwickelt wurde, ist von entscheidender Bedeutung bei der Betrachtung von Lukas 24, 1−12. Im Blick auf die Befreiung lehnt Williams den Gedanken ab, den Auszug aus Ägypten als Ausgangspunkt anzusehen, obwohl er für die Schwarze Befreiungstheologie thematisch sehr ergiebig ist. Stattdessen konzentriert sich Williams auf die Geschichte der Hagar, ein Text der Befreiung, der das Leben und die Erfahrungen schwarzer Frauen eher beschreibt. Williams schließt sich zahlreichen indigenen und postkolonialen Theolog*innen an, indem sie es ablehnt, in die Falle der Kolonialisierung zu tappen und eine Flucht aus der Sklaverei zu versprechen. Befreiung wird vielmehr durch die Begegnung mit dem Gott, „der mich sieht" (Genesis 16, 13−14), ausgedrückt.[5]

Williams schlägt auch eine alternative Betrachtung des Leidens vor. Bei ihr geht es vor allem um die Menschen, deren gesamte Erfahrungen im Leben als ewiges Leiden beschrieben werden können. Williams ist der Ansicht, dass „weder Lösegeld, Genugtuung und Entschädigung noch verschiedene moralische Versöhnungstheorien geeignet sind, um die Fragen afroamerikanischer Frauen nach Erlösung und Stellvertretung akzeptabel zu beantworten".[6] Stattdessen schreibt sie, dass „der*die womanistische Theolog*in das soziopolitische Denken und Handeln aus der Welt der afroamerikanischen Frauen nutzt, um schwarzen Frauen zu zeigen, dass deren Heil nicht von einer wie auch immer gearteten Form der Stellvertretung abhängt, die bei einem traditionellen und orthodoxen Verständnis von Jesu Leben und Tod für heilig erklärt wurde".[7]

Nach Williams bedarf es einer Theologie, die das ewige Leiden und die Unterdrückung von Schwarzen und Braunen Körpern unterbricht − insbesondere bezogen auf die Frauen mit afrikanischer Herkunft in den Vereinigten Staaten −, und nicht einer Theologie, die das Leiden von einem ab-

---

[5] *Delores S. Williams:* Sisters in the Wilderness: The Challenge of Womanist God-Talk, Maryknoll, N.Y., 1993, 5−7.
[6] Ebd., 164.
[7] Ebd.

strakten Konzept in eine reelle Sache umwandelt. Solange das Kreuz Jesu als ein Ausdruck seiner Stellvertretung für die Menschen angenommen wird, gibt es keine Befreiung und kein Heil in Jesu Kreuz für die Menschen, die ihrerseits stellvertretend für Familien und Haushalte, Länder und Nationalstaaten und jegliche Dimension dazwischen gelitten haben. Laut Williams kann Leiden niemals gutgeheißen oder positiv dargestellt werden. Daher müssen wir vorsichtig sein, wie wir das Kreuz annehmen und was wir davon annehmen.

Williams bietet bedeutsame Einblicke in das Thema der heutigen Bibelarbeit, die mit den Themen der vergangenen Tage in Verbindung steht. Für den 12. März 2018 lautet das Thema „Die Welt verwandeln: Ausgerüstet für die Nachfolge". Das Thema vom 13. März ist „Ausgerüstet für die Nachfolge: Das Kreuz umarmen". Der Übergang von einem Tag auf den nächsten betont die Tauglichkeit, die Praxisnähe, die Ausrüstung und die Fähigkeiten derer, die dem Weg Jesu folgen und dabei die Nachfolger Jesu ausrüsten und demzufolge selbst ausgerüstete Nachfolger sind. Für Williams' Art und Weise, mit Leiden umzugehen, einschließlich des Leidens Jesu am Kreuz, ist die Frage der Ausrüstung fundamental. Dabei untersucht sie die folgende Frage: Ist die Art und Weise, mit der wir das „Kreuz umarmen" – vor allem, wenn mit dem Umarmen augenscheinlich auch eine Billigung des Leides einhergeht – eine taugliche oder gebrauchsfähige Ausrüstung für die Nachfolge Jesu? In ihrer Antwort verneint sie diese Frage. Somit führt sie uns zu neuen Wegen, das Kreuz Jesu zu umarmen und uns auszurüsten als die, die dem Weg Jesu folgen.

Williams schlägt den folgenden Weg vor, das „Kreuz zu umarmen". Es ist ein Weg, der uns hilft, Lukas 24 zu lesen. Sie schreibt: „Die Auferstehung hängt nicht ein Leben lang vom Kreuz ab, denn das Kreuz repräsentiert nur das historische Böse, welches das Gute zu besiegen versucht. Die Auferstehung Jesu und das Erblühen des Geistes Gottes in der Welt als Folge der Auferstehung repräsentieren das Leben der 'ministerial vision', also der ‚Dienst-Vision', die den Sieg über das Böse erringt, welches sie zu vernichten versucht."[8] Im Weiteren erklärt sie: „Somit müssen die womanistischen Theolog*innen zeigen, dass die Erlösung der Menschen nicht mit einer stellvertretenden und ersetzenden Rolle in Zusammenhang stehen kann, die Jesus in diesem blutigen Akt gespielt haben soll, bei dem die Sünde und/oder das Böse angeblich besiegt wurden. Nur so kann sinnvoll

---

[8] Ebd., 165.

auf die historischen Erfahrungen von stellvertretender Unterdrückung der Schwarzen Frauen geantwortet werden."[9]

Um es klar zu machen, fährt Williams fort: „Somit wird das Ansehen des Kreuzes befleckt, es wird zum grässlichen Ausdruck der kollektiven menschlichen Sünde. Jesus besiegt dann die Sünde nicht durch seinen Tod am Kreuz ... Jesus besiegte daher die Sünde im Leben."[10] Für viele unter uns ist dieser neue Gedanke schwer zu akzeptieren. Eine (theologische) Neuausrichtung in diesem Ausmaß wäre revolutionär. Dennoch lädt uns Williams dazu ein, die „Dienst-Vision" von Jesus anzunehmen, sowie auch das Leben Jesu und das Leben, zu dem uns Jesus zu seiner Nachfolge aufruft. Die „Dienst-Vision" mag zum und durch den Tod führen, sogar zum Kreuzestod, aber der Fokus und die Annahme des Kreuzes liegen auf dem Leben in Rechtschaffenheit, Frieden, Liebe, Freude, Gerechtigkeit, Gnade, Barmherzigkeit und Heilung, welches wir jeden Tag leben. Aus diesem Grund bekräftigen wir unseren Fokus auf den Auferstehungstexten, auch wenn wir jetzt in der Passionszeit sind. Aus diesem Grund sehen wir das Kreuz Jesu als schmerzlichen, unglückseligen (in allem aber wenig überraschenden) Lauf des Lebens und erkennen es in den Wüstenerfahrungen von Hagar und Jesus gleichermaßen wieder. Mit Williams bekräftigen wir, was es heißt, das Kreuz zu umarmen: Die Frauen in Lukas 24 begegneten zunächst der Leere des Grabes und waren ratlos, aber dann begegneten sie ihrem Auftrag, der die „Dienst-Vision" weiterführt. Diese Vision wird oft durch die Kreuze, die wir alle tragen müssen, und das Kreuz Jesu dargestellt, doch dabei bleibt sie stets auf das Leben fokussiert.

Schlüssel zum Text

In Lukas 24, 1–12 gibt es viele Aspekte, bei denen sich eine nähere Betrachtung lohnt. Die Tatsache, dass die Frauen am Sabbattag zu der Grabesstätte Jesu gehen, stellt dabei einen besonderen Aspekt dar, den wir nicht übersehen dürfen. Diese Frauen hätten den toten Körper Jesu umsorgt, wenn sie ihn gefunden hätten und spiegeln somit das Leben desjenigen wider, der selbst am Sabbattag Heilung gebracht hat (Markus 3, 1–6, Lukas 13, 10–17). Es ist sicherlich kein Zufall, dass die langen Leinenstreifen, die als Tücher für Jesu Körper gedacht waren, einem Verband glichen.

---

[9]   Ebd.
[10]   Ebd., 166.

Es ergibt Sinn, dass genau diese Tücher für Begräbnisrituale gleichzeitig auch die Hoffnung eines Verbandes ausdrücken: dass der Tod vielleicht nicht endgültig ist; dass das, was von den Tüchern bedeckt ist, geheilt, gestärkt und überwunden werden könnte.

Dann gibt es noch den Aspekt des leeren Grabes. Dies ist letztendlich der Teil der frohen Botschaft von Leben, Tod und Auferstehung Jesu, der nicht umgedeutet werden kann, nicht darf und auch nicht sollte. Es hätte eine Vielzahl an Erklärungen für das leere Grab geben können, aber Gott schickt uns Boten, die dieser Leere und diesem entscheidenden Moment voll Schrecken und Ratlosigkeit einen Sinn verleihen.[11]

Ein spezielles Augenmerk sollte auf Lukas 24, 11 gerichtet werden. In diesem Vers wird das griechische Wort λερος (leros) benutzt, um zu beschreiben, wie die Worte empfangen wurden, die die Frauen ihrer Gemeinschaft vom Grab zurückbrachten. Dieses Wort wird nur ein einziges Mal in den neustestamentlichen Schriften verwendet und wird in der Lutherbibel 2017 mit „Geschwätz" übersetzt. Viele unter uns werden dazu neigen, zu glauben, dass es keine Rolle spielt, dass Frauen diejenigen waren, die das leere Grab Jesu gefunden haben und dass die Tatsache ihrer Geschlechteridentität unbedeutend ist. Aber dies ist kein Zufall. In gleicher Weise sind wir vielleicht versucht zu denken, dass die Unterstellung, dass die Worte der Frauen nur Geschwätz waren, ebenfalls nichts mit deren Geschlecht zu tun habe. Doch diejenigen unter uns, die Geschlechterungerechtigkeit auf allen Ebenen gesehen und selbst erlebt haben, wissen, dass die Vorwürfe gegen Frauen häufig mit deren Stimme und deren Art zu Sprechen zusammenhängen. Frauen wird oft Gerede und gemeines Lästern unterstellt. In anderen Textstellen der neustestamentlichen Schriften wird das Sprechen der Frauen geregelt und diszipliniert (1 Kor 14, 34,1; Tim 2,12). Außerdem wird Frauen seit jeher vorgeworfen, hysterisch zu sein. Das Wort und die Zeugenaussagen von Frauen werden auch heute noch in Gerichtsverfahren und vielen Kirchen hinterfragt. Daher ist die Tatsache, dass Frauen die ersten Zeugen der Auferstehung waren, ein bedeutsamer Bruch mit den Traditionen innerhalb und außerhalb der Kirche.[12]

---

[11] Vgl. *William Barclay:* The Gospel of Luke, revised and updated edition, Louisville, Ky., 2001; *Richard Horsley:* Jesus and the Spiral of Violence: Popular Jewish Resistance in Roman Palestine, 1st ed., San Francisco 1987; *Bruce Malina:* The New Testament World: Insights from Cultural Anthropology, Atlanta Ga., 1981.

[12] Dies ist immer noch wahr, ungeachtet des Beschlusses von Papst Franziskus, die liturgi-

Erinnern, zurückkommen und berichten

Lukas 24, 8–9 verdeutlicht die Verantwortung und Mission, zu der wir durch den erweiterten Blickwinkel dieser Bibelarbeit aufgefordert werden. Selbstverständlich gibt es Prüfungen, Schwierigkeiten und Herausforderungen in unseren Leben, die uns durch viele Grabesstätten hindurchführen. Es wird Menschen geben, die über unsere irdischen Tage hinaus leben werden und die zu und durch unsere Grabesstätten gehen werden, in denen unsere Körper zur ewigen Ruhe liegen. In dem Leben der Nachfolge, den Wegen Jesu Christi folgend, geraten wir zu den Grabesstätten, wo wir den Körper und Geist Jesu zu finden erwarten. Wir werden unsere allerbesten Spezereien an diese Orte bringen, bereit, den (toten) Körper unseres Erlösers zu ehren. Wir werden feststellen, dass der Körper unseres Erlösers verschwunden ist. Diese Erfahrung wird uns ratlos lassen. Wir werden nicht wissen, wie wir am besten fortfahren sollen. Dann werden wir die Boten Gottes anrufen, welche versuchen werden, das Erlebte für uns zu interpretieren und zu übersetzen. Dennoch wird es für uns schwierig bleiben. Die Traditionen werden uns dazu einladen, das Übliche zu tun, das zu tun, was wir gewöhnt sind. Nichtsdestotrotz müssen wir, die wir für die Nachfolge ausgerüstet sind und das Kreuz Jesu als unglückliches, wenn auch wenig überraschendes Ereignis eines Lebens der Nachfolge annehmen, bereit sein, uns von Traditionen zu lösen, um die Auferstehung zu erleben. Um die Auferstehung zu erleben, müssen wir in der Lage sein, uns zu erinnern, zurückzukommen und zu berichten.

Wir erinnern uns an das Leiden, noch stärker erinnern wir uns aber daran, was Jesus in seinem Leben vor dem letzten Leiden gesagt hat. So, wie es die Boten Gottes taten, beteiligen wir uns daran, uns gegenseitig zu ermahnen, uns gegenseitig daran zu erinnern, was Jesus in seinem Leben gesagt und getan hat. Wenn wir uns erinnern, dürfen wir uns als die Verfolger und gleichzeitig Nachfolger Jesu jedoch nicht auf unserem Schuldbewusstsein ausruhen, um damit eine versöhnungstheoretische Interpretation des Kreuzes zu rechtfertigen; dass wir unserer eigenen Schuld gedenken, soll uns dazu inspirieren, bessere Nachfolger*innen Jesu zu sein, sowie bessere Begleiter*innen Jesu auf seinem Weg.

sche Feier der heiligen Maria Magdalena im Römischen Generalkalender im Range eines Gedenktages aufzuführen und die Nomenklatur „Apostel der Apostel" anzuwenden. Vgl. https://aleteia.org/2016/06/10/mary-magdalene-apostle-to-the-apostles-given-equal-dignity-in-feast (aufgerufen am 03.10.2017).

Wir kommen zu den Orten und Menschen zurück, an denen und mit denen Jesus im Laufe seines irdischen Lebens weilte. Wir bleiben nicht nur in der Nähe der Grabesstätte. Wir bahnen uns einen Weg zurück zu unserem Ursprung, zu unserem Herkunftsort, zu den zentralen Orten, wo wir uns selbst und unsere Mitmenschen finden und wo uns Gott begegnet, der uns schafft und wieder neu schafft.

Wir berichten, was wir gesehen haben und was wir getan haben. Wir berichten, dass wir zu der Grabesstätte gegangen sind, in der Absicht, unserem Brauch nachzugehen, dass wir aber von der Wahrhaftigkeit der Auferstehung unterbrochen wurden. Wir berichten, dass wir Boten am Grab begegnet sind. Vor allem berichten wir, dass das Grab Jesu leer war. Wir berichten, was die Boten Gottes uns gesagt haben. Die Hauptbestandteile unserer Ausrüstung für die Nachfolge sind unsere Erinnerungen, unser Zurückkehren und unsere Erzählungen.

· Was bedeutet erinnern in der Schrift aus Sicht Ihrer/Deiner Tradition?
· Was bedeutet zurückkommen in der Schrift aus Sicht Ihrer/Deiner Tradition?
· Was bedeutet erzählen in der Schrift aus Sicht Ihrer/Deiner Tradition?

Schwester Mary Tutt und ich reisten gemeinsam nach Charleston, als Teil unseres gemeinsamen Glaubenslebens. Wir reisten als Trauernde, aber auch als Pastorin und Gemeindemitglied, als junge Frau und ältere Frau, als eine, die es lernt, in den Zeiten der Bewegung für Schwarze Menschen zu leben und voranzugehen, und als eine, die das Ende der Segregation in den Südstaaten, der Migration nach Norden und der Bürgerrechtsbewegung in den USA erlebt hat.

Zusammen haben wir uns erinnert. Wir erinnerten uns an das Verbrechen, das sich einige Tage zuvor in Charleston ereignet hatte; wir erinnerten uns auch an die vielen tausend Menschen, die in den vorherigen Wochen, Tagen, Monaten, Jahren, Jahrzehnten und Jahrhunderten sterben mussten. Wir erinnerten uns daran, auch wenn wir keine Fotos machen konnten und unsere Handys nicht benutzen durften. Wir erinnerten uns auch an Jesus. Wir erinnerten uns daran, dass Jesus in seinem Leben, wie auch am Kreuz ungerechtes Leiden ertragen musste. Schwester Tutt und ich erinnerten uns, auch wenn der leblose Körper des Gemeindepastors Clementa Pinckney nur eine leblose Hülle in dem Sarg vorn im Altarraum war.

Zusammen sind wir auch zurückgekehrt. Schwester Tutt und ich kehrten nach White Plains, New York zurück. Wir kehrten zu unserem Zuhause zurück; wir kehrten zu unseren Gefühlen zurück. Wir kehrten zu unseren persönlichen Prüfungen und Herausforderungen zurück, zu den Gaben und Gnaden in unserem gemeinsamen und individuellen Umfeld. Wir kehrten von der Totenklage in unser alltägliches Leben und zu den Menschen, von wo wir herkamen, zurück. So wie die Frauen an Jesu Grab und wie die Frauen, die im womanistischen Sinn denken und schreiben und den Womanismus leben, machten wir das Grab nicht zu unserem neuen Zuhause.

Zusammen erzählten wir. Schwester Tutt und ich hatten nicht dieselbe Geschichte. Wir haben nicht genau dasselbe gesehen, aber viele ähnliche Dinge. Unsere Gefühle über das Gesehene waren nicht genau dieselben, aber wir haben eine Geschichte zu den Orten mitgebracht, zu denen wir zurückkehrten. Wir berichteten davon, eine Kirche gesehen zu haben. Wir berichteten davon, einen Körper gesehen zu haben, dass dieser Körper jedoch nicht der Mensch war, der einst in ihm und durch ihn lebte. Wir berichteten davon, weitere Mitglieder der African Methodist Episcopal Church, Familie, Freunde und Außenstehende gesehen zu haben. Wir berichteten davon, eine Grabrede gehört zu haben, eine von uns hat sie im Inneren der TD Arena gehört, eine von uns vor einem Bildschirm. Wir berichteten, wie sinnlos die Gewalt und das Leiden waren, welche uns zu unserer Reise veranlasst hatten. Wir berichteten von den vielen Menschen, die noch am Leben waren und die nach dem Leben streben. Wir berichteten von der Botschaft der "Amazing Grace", also der „erstaunlichen Gnade". Wir berichteten in ähnlicher Weise wie damals die „Wolke von Zeugen": Maria Magdalena, Johanna, Maria, des Jakobus Mutter, die anderen Frauen mit ihnen, Petrus, der ihnen glaubte; womanistische Theolog*innen und zahlreiche Weitere. Wir berichteten, dass der Sarg und das Grab wie Jesu Grab in Wirklichkeit leer waren. Dennoch erinnern wir uns, kehren zurück und berichten die Geschichte der Auferstehung von jenseits des Grabes als ein Weg, die „Dienst-Vision" anzunehmen, die uns in unserer Erfahrung durch das Kreuz Jesu führt.

Fragen

1. Was glauben wir über Leiden und das Kreuz? Wie könnten wir unsere Vorstellungen und Überzeugungen über Leiden und das Kreuz neu ausrichten?

2. Was bedeutet es basierend auf Ihren/Deinen Erfahrungen mit Jesus und auf den alltäglichen Begegnungen mit verschiedenen Menschen für Sie/Dich, das Kreuz anzunehmen?
3. Wie würden Sie/würdest Du die frohe Botschaft und die „Dienst-Vision" von Jesus im Alltag leben? Wie leben Sie/lebst Du als missionarischer Nachfolger Jesu?
4. An was werden wir uns erinnern, wenn wir nach der Weltmissionskonferenz in unsere Gemeinden zurückkehren, um in ähnlicher Weise wie damals die „Wolke von Zeugen" über die Hoffnung zu berichten, welche die Geschichte der Auferstehung von jenseits des Grabes bringt?

Gebet

Gott des Lebens, gib uns Liebe, die Grenzen überwindet;
öffne unsere Augen für einen neuen und tieferen Sinn, das Kreuz zu umarmen.
Zeige uns, wie wir die Geschichte der Auferstehung jenseits des Grabes erinnern, zurückkehren und sie berichten können.
Wir wollen uns nach dem Leben ausstrecken, das uns durch die Auferstehung Jesu angeboten wird.
Als verwandelte und ausgerüstete Nachfolger*innen, hilf uns, daran zu arbeiten, das historische Böse, das durch das Kreuz repräsentiert wird, zu besiegen.
Und, indem wir uns im Heiligen Geist bewegen, wollen wir die „Dienst-Vision" annehmen, um verwandelt zu werden und um die Nachfolge zu verwandeln,
um in Rechtschaffenheit, Frieden, Freude, Gerechtigkeit, Gnade, Barmherzigkeit und Heilung zu leben.
Amen.

Jennifer S. Leath

(Jennifer S. Leath ist Juniorprofessorin für Religion und Soziale Gerechtigkeit an der Iliff School of Theology und Pastorin der Campbell Chapel AME Church [Denver, Colorado, Vereinigte Staaten]).

Übersetzung aus dem Englischen: Christel E. A. Weber

Die Weltmissionskonferenz in Arusha und die Missionserklärung „Gemeinsam für das Leben"

„Vom Geist bewegt. Zu verwandelnder Nachfolge berufen"

Unter diesem Titel kamen vom 8. bis zum 13. März über eintausend Menschen nahe dem tansanischen Arusha zur Weltmissionskonferenz zusammen.[1] Veranstaltet wurde sie vom Ökumenischen Rat der Kirchen (ÖRK) und seiner Kommission für Weltmission und Evangelisation (engl. CWME), die einer Einladung der Evangelisch-Lutherischen Kirche in Tansania folgten, eine der größten Lutherischen Kirchen der Welt. Die CWME organisiert seit der Integration des Internationalen Missionsrates und des ÖRK (1961, Neu-Delhi) jeweils zwischen den ÖRK-Vollversammlungen eine solche Weltmissionskonferenz (WMK). Die CWME hat aus theologischen und historischen Gründen Mitglieder, die dem ÖRK nicht angehören, z. B. Vertreter der römisch-katholischen Kirche und von Pfingstkirchen. Einladungen zu den Konferenzen überschreiten den Bereich der ÖRK-Mitgliedskirchen, und das war besonders bei dieser der Fall. Denn dies sollen *Weltmissions*konferenzen sein, indem sie Kirchen, Menschen, Organisationen aus der Weltchristenheit zusammenbringen, und weil Mission *weltweit* bedacht werden soll.

Die letzte Weltmissionskonferenz fand 2005 in Athen statt.[2] Zwischen den folgenden Vollversammlungen 2006 in Porto Alegre und 2013 in Busan gab es keine WMK. Der ÖRK und seine Kommission hatten sich in diesen Jahren stark in die Vorbereitung und Durchführung der Jubiläumskonferenz zu „100 Jahre Edinburgh" eingebracht.[3] 2012 gab es ein sogenanntes "Pre-Assembly Mission Event" in Manila, bei dem die im Entstehen begriffene neue Missionserklärung des ÖRK intensiv diskutiert

---

[1] Zu Meldungen und Beiträgen über die Konferenz vgl. www.emw-d.de (aufgerufen am 30.04.2018).

[2] Vgl. *Jacques Matthey:* "Come Holy Spirit, heal and reconcile!" Report of the WCC Conference on World Mission and Evangelism, Athens, Greece, May 2005, Geneva 2008.

[3] Vgl. *Kirsteen Kim* and *Andrew Anderson* (eds.): Mission Today and Tomorrow. Edinburgh 2010, Oxford 2010.

wurde. Eine der überraschenden Konsequenzen dieser historischen Aus-
nahmesituation scheint zu sein, dass es unterschiedliche Auffassungen darüber gab, die wievielte Weltmissionskonferenz nun in Arusha stattfand.
Traditionellerweise werden sie seit der ersten Konferenz 1910 durch-
gehend gezählt. Die vorhandenen deutschen Dokumentationen zählen die
Weltmissionskonferenz 1996 in Salvador da Bahia als die elfte.[4] Für Athen
2005 gibt die vorhandene englische Dokumentation keine Zählung an. In
den ursprünglichen Ankündigungen wurde auch für Arusha keine Zahl genannt, später begann der ÖRK von der 14. Weltmissionskonferenz zu sprechen. Doch es scheint nicht eindeutig zu sein, welches Ereignis als die
dreizehnte Konferenz gezählt wird. Mitunter klingt es, als ob nachträglich
die Sitzung des Internationalen Missionsrates 1961 in Neu-Delhi unmittelbar vor der Integration mit gezählt würde.[5] Andernorts schien es, als ob
man die Jubiläumskonferenz 2010 und die Manila Konsultation 2012 zwischen Athen und Arusha nicht völlig aussparen wollte, die inhaltlich in die
Linie der Weltmissionskonferenzen passen.[6]

Laut dem Beschluss des ÖRK-Zentralausschusses sollte die Weltmissionskonferenz in Arusha einen missionalen, einen ökumenischen und besonders einen afrikanischen Charakter haben und eine „Konferenz der Jugend" werden.[7] Durch die Teilnehmenden können die drei letzten Aspekte
als erreicht gelten, auch wenn dazu später mehr zu sagen ist. Für den missionalen Charakter wurde in der Vorbereitung auf die Konferenz betont,
dass die Missionserklärung „Gemeinsam für das Leben. Mission und Evan-

[4] Vgl. *Klaus Schäfer* (Hg.): Zu einer Hoffnung berufen. Das Evangelium in verschiedenen Kulturen. Elfte Konferenz für Weltmission und Evangelisation in Salvador da Bahia 1996, Frankfurt a. M. 1999.
[5] *Matthey*, "Come Holy Spirit", a.a.O., 11: "It all depends whether one includes Edinburgh and New Delhi, or not. If the count includes both, Athens was the 13th world mission conference in that series."
[6] Vgl. dazu CWME Director's Report. From Athens to Arusha: *Jooseop Keum,* Director of CWME, Document No. PLEN 02.1. 3–4.
[7] Vgl. dazu den Beschluss des ÖRK-Zentralausschusses in Trondheim, Document No. GEN PRO 05, 2018 World Mission Conference: A Tentative Proposal, Central Committee, 22.–28.06.2016. Das Profil wurde in das "Handbook" der Konferenz aufgenommen, vgl. *Conference on World Mission and Evangelism:* "Moving in the Spirit: called to transforming discipleship". Handbook, 8–13 March 2018, Arusha, Tanzania, Geneva 2018, 15–17. Zu dem „afrikanischen" Charakter vgl. die Texte von *Lesmore Gibson Ezekiel* and *Jooseop Keum* (eds.): From Achimota to Arusha. An Ecumenical Journey of Mission in Africa, co-published by Acton Publishers and WCC Publications, Geneva/Nairobi 2018.

gelisation in sich verändernden Kontexten"[8] als ein herausragendes Dokument der ökumenischen und internationalen Missionsbewegung die Grundlage der Konferenz sein sollte. Dieser Beitrag will daher das Entstehen und die Schwerpunkte dieser Erklärung kurz in Erinnerung rufen,[9] und dann untersuchen, inwieweit sie die Konferenz tatsächlich geprägt hat und inwiefern von der Konferenz weitere Impulse dazu ausgehen.

„Gemeinsam für das Leben"

In den letzten beiden Dekaden haben ökumenische Diskussionen über Mission zwei markante Merkmale geteilt. Zum einen weisen die Beteiligten weit über das Spektrum der Mitgliedskirchen des ÖRK und deren theologische Prägungen hinaus,[10] zum anderen fließen in ihnen Themen zusammen, die zuvor auf unterschiedliche Stränge der ökumenischen Bewegung aufgeteilt waren: Einheit, Gerechtigkeit, Dialog, Versöhnung, gerechter Friede, Evangelisation u. a. m. Auch die Missionserklärung hat diese und weitere Themen aufgegriffen, und sie gehört in den Zusammenhang der Jubiläums-Konferenz von Edinburgh 2010,[11] des 3. Kongresses für Weltevangelisation in Kapstadt 2010[12] und nicht zuletzt der viel beachteten ÖRK-Erklärung „Das Christliche Zeugnis in einer multi-religiösen Welt".[13]

---

[8] Gemeinsam für das Leben. Mission und Evangelisation in sich verändernden Kontexten; in: *Christoph Anders, Michael Biehl* (Hg.): Christus heute bezeugen. Mission auf dem Weg von Edinburgh 2010 nach Busan 2013 (Weltmission heute 77), Hamburg 2013, 458–494.

[9] Was folgt, beruht auf *Christoph Anders, Michael Biehl:* Die neue Missionserklärung des Ökumenischen Rates der Kirchen; in: ÖR 62 (2013), H.2, 185–199.

[10] Insbesondere für das hundertjährige Jubiläum der ersten Weltmissionskonferenz Edinburgh 2010 (und dann auch für die Missionserklärung) haben sich neben den ÖRK-Mitgliedskirchen die römisch-katholische Kirche, Vertreter der Pfingstbewegung, der Lausanner Bewegung, der Weltweiten Evangelischen Allianz (WEA) und eine Reihe ökumenischer Netzwerke engagiert.

[11] Vgl. insbesondere *Daryl Balia, Kirsteen Kim* (eds.): Witnessing to Christ Today, Edinburgh 2010, Vol. II, Oxford 2010, sowie *Kim* and *Anderson* (eds.), Mission Today and Tomorrow, a. a. O.

[12] Vgl. *Birgit Winterhoff, Michael Herbst und Ulf Harder* (Hg.): Von Lausanne nach Kapstadt. Der dritte Kongress für Weltevangelisation, Neukirchen-Vluyn 2012, 224–286.

[13] Vgl. www.oikoumene.org/de/dokumentation/documents/oerk-programme/interreligious-dialogue-and-cooperation/christian-identity-in-pluralistic-societies/das-christliche-zeugnis-in-einer-multireligioesen-welt.html (aufgerufen am 01.05.2018). Das betont auch Jooseop Keum in seinem Bericht an die Konferenz, vgl. CWME Director's Report, a. a. O.

In der genannten Periode hatten vier Arbeitsgruppen der CWME und drei ökumenische Netzwerke Studiendokumente verfasst,[14] auf deren Grundlage eine Redaktionsgruppe einen Text für die Erklärung verfasste. Dieser wurde nach weiteren Überarbeitungen während des "Pre-Assembly Mission Event" diskutiert.[15] Kommentare und Anregungen wurden gesammelt, der Text überarbeitet[16] und mit wenigen Veränderungen vom ÖRK-Zentralausschuss 2012 (Kreta) verabschiedet.

Die Erklärung mit 112 Abschnitten ist in vier Hauptteile gegliedert. Sie werden gerahmt von einem eröffnenden Abschnitt „Gemeinsam zum Leben", der zehn zentrale Herausforderungen formuliert (Abschnitte 1–11),[17] die in dem Schlusskapitel „Fest des Lebens" als zehn Grundüberzeugungen (101–112) wieder aufgenommen werden. Gleich zu Beginn wird der Geist als der Hauptakteur der Mission bezeichnet. Der Direktor der CWME, Jooseop Keum, unterstreicht in seinem Bericht an die WMK diesen Aspekt:

"The new ecumenical affirmation focuses on the mission of the Holy Spirit (missio Spiritus) as its theological framework within the Trinitarian understanding of mission (missio Dei). This with the intention to embrace dynamism, transformation and diversity as the main concepts of mission in changing landscapes today."[18]

Der erste Hauptteil „Geist der Mission: Atem des Lebens" (12–35) entfaltet in vier Abschnitten die Grundlagen dieser „Mission des Geistes". Der zweite Teil „Geist der Befreiung: Mission von den Rändern her" spricht von der Bevollmächtigung derer am Rande durch den Geist und will damit

---

[14] Diese Studiendokumente sind: Companions in the Spirit – Companions in Mission. Reflections on Mission and Spirituality; God's Transforming Spirit: Reflections on Mission, Spirituality and Creation; Evangelism: Witnessing to the Hope in Christ; The Church as Mission in Its Very Life: Toward Common Witness to Christ and Visible Unity; Witnessing to Christ today: Promoting Health and Wholeness for All; Mission from the Margins: Toward a Just World; Churches in Ecumenical Transition: Toward Multicultural Ministry and Mission; Mission in the Context of Empire: Putting Justice at the Heart of Faith. Vgl. International Review of Mission (IRM) 101 (2012).

[15] Zu den ca. 220 Teilnehmenden zählten Kirchenvertreter*innen, Missionspraktiker*innen, Vertreter*innen von ökumenischen Netzwerken und Missionstheologen*innen.

[16] Allerdings wurde dabei eine Reihe von markanten Änderungswünschen nicht aufgenommen. Die wesentlichen Texte der Konsultation sind dokumentiert in: New WCC Ecumenical Affirmation on Mission and Evangelism: IRM 101 (2012), v. a. Report of Listeners Group, 422–436.

[17] Die Ziffern beziehen sich auf die jeweiligen Abschnitte in der Missionserklärung.

[18] CWME Director's Report, a.a.O. 3.

die Konzeption von Mission von der Hinwendung der Machtvollen zu den angeblich Bedürftigen aufheben.

Im dritten Teil „Geist der Gemeinschaft: Kirche unterwegs" (55–79) wird Mission im Leben der Ortsgemeinde verortet. Die überfließende Liebe Gottes ist Quelle der Kirche, die „um der Mission willen ins Leben gerufen" wurde. Im vierten Teil „Geist von Pfingsten: Gute Nachricht für alle" (80–100) wird Evangelisation als die Hinwendung der Kirche zur Welt entfaltet. Hier finden sich auch Hinweise auf den Dialog mit Menschen anderer Glaubensweisen und Religionen.

Während der erste Teil des Arusha-Konferenztitels „Vom Geist bewegt" deutlich auf die starke pneumatologische Ausrichtung der Erklärung aufbaut, verhält es sich mit dem zweiten Teil des Titels etwas komplexer. Die Missionserklärung des ÖRK von 2012 will die Erklärung „Mission und Evangelisation" von 1982 nicht ersetzen, sondern ergänzen und aktualisieren. In ihr wurden die Konturen einer Mission „nach der Weise Jesu" bereits skizziert.[19] Diese Dimension ist in der Erklärung von 2012 wieder zu finden, tritt dort jedoch deutlich hinter die des Geistes als Akteur der Mission zurück. Verwandelnde Nachfolge (*transforming discipleship*) ist jedenfalls kein markanter Begriff in ihr, und so kommt dieser Teil des Themas nicht direkt von der Erklärung ins Umfeld der Beratungen der WMK. Keum sagt in seinem Bericht in Arusha

"I believe this [die Konferenz] is the beginning of the renewal of authentic discipleship. Discipleship without being among the people at the margins is not a discipleship of Christ."

Doch in der Missionserklärung spielen Jüngerschaft oder Nachfolge besonders im Vergleich zur Kapstadt-Erklärung oder zur Konzeption einer „missionarischen Jüngerschaft" bei Papst Franziskus eine weitaus weniger prominente Rolle.[20] Zur Vorbereitung der Arusha-Konferenz war daher eine ganze Ausgabe der *International Review of Mission* der Thematik *"Transforming Discipleship"* gewidmet, um diesen Akzent besser zu erschließen.[21]

19 Vgl. Mission und Evangelisation. Eine ökumenische Erklärung; in: „Ihr seid das Licht der Welt". Missionserklärungen des Ökumenischen Rates der Kirchen von 1980–2005, hg. v. *Jacques Matthey*, Genf 2005, 12 ff.
20 Vgl. Nachfolge, die verwandelt. Zur Weltmissionskonferenz 2018 in Arusha (EMW-Jahresbericht 2016/2017), Hamburg 2018, 14 ff.
21 IRM Volume 105 (2016), H.2.

Und doch lässt sich nachvollziehen, warum die CWME den vollen Titel für Arusha an diese Erklärung binden will. Die Erklärung bemüht sich, Mission als Aktivität des Geistes zu konturieren und *discipleship* in diesen Bezugsrahmen einzubinden, wobei sie mit dem Adjektiv „authentisch" deren spirituelle Dimension qualifizieren will. In der Erklärung selbst kommt der Begriff nur dreimal vor (in Abschnitt 85 wird er mit „Nachfolge" übersetzt), und einmal wird er mit Evangelisation verbunden: „Evangelisation bedeutet, seinen Glauben und seine Überzeugungen mit anderen Menschen zu teilen, sie zur Nachfolge [*discipleship*] einzuladen, unabhängig davon, ob sie anderen religiösen Traditionen angehören oder nicht" (83).

In Bezug auf „Nachfolge, die verwandelt" ist der folgende Abschnitt am aussagekräftigsten: „Verwandlung [*transformation*] kann im Licht des Ostergeheimnisses verstanden werden: ‚Sterben wir mit, so werden wir mit leben; dulden wir, so werden wir mit herrschen' (2 Tim 2,11–12). In Situationen der Unterdrückung, Diskriminierung und Verwundung ist das Kreuz Christi eine Gotteskraft, die Erlösung bringt (1 Kor 1,18). Selbst in unserer Zeit gibt es Menschen, die das christliche Zeugnis mit ihrem Leben bezahlt haben. Dies ruft uns allen in Erinnerung, dass Nachfolge nicht umsonst zu haben ist [*the cost of discipleship*]. Der Geist gibt Christen und Christinnen Mut, nach ihren Überzeugungen zu leben, selbst im Angesicht von Verfolgung und Märtyrertum" (32).[22]

Die Missionserklärung in Arusha 2018

In seinem Bericht an die Konferenz hat der Direktor der CWME, Jooseop Keum, die Erklärung als einen der wichtigsten missiologischen Texte in der Geschichte des ÖRK charakterisiert. Der römisch-katholische Theologe und Mitautor der Erklärung Stephen Bevans wird von ihm mit diesen Worten zitiert:

"As far as I know, no other WCC document has thought so thoroughly or consistently about the implications of mission when reflected upon through the lens of God's ever-present, all-pervasive, always illusive Holy Spirit."

---

[22] Auffallend ist, dass in den unmittelbar vorausgehenden Abschnitten der Erklärung nicht von "discipleship", sondern von missionarischer oder transformativer Spiritualität die Rede ist, wenn es ausdrücklich um gesellschaftliche Transformation geht.

Und die Vorsitzende des ÖRK-Zentralausschusses, Agnes Abuom, wird mit diesen Worten zitiert:

"The significance of the statement lies in its concept of 'mission from the margins', which emphasises the universality of working for all God's people, as well as the creation, despite divisions."[23]

Beide betonen die Rolle des Geistes, weniger die Nachfolge. Keum hebt zwar hervor, dass die Erklärung Evangelisation betont, was eine inhaltliche Nähe zu Nachfolge und Jüngerschaft nahelegt, doch der Begriff "discipleship" kommt auch in seiner Einführung nur am Rande vor. Dagegen betont er, welche Veränderungen Mission in der ökumenischen Bewegung bewirken kann. Sie könne eine prophetische Rolle dabei spielen, die Einheit und Gerechtigkeitsfragen in der ökumenischen Bewegung zusammenzubringen, sie könne eine kreative Rolle zur Klärung des Dilemmas zwischen Kirche als Institution und Mission als Bewegung spielen, und sie könne zwischen den Kirchen und ihren Entwicklungsorganisationen vermitteln.[24]

Die Konferenz

Angesichts dieser inhaltlichen Vorgaben ist es überraschend zu entdecken, dass die Konferenz wie ein Pilgerweg[25] mit dem Fokus auf verwandelnder Nachfolge organisiert war. Nach der Eröffnung der Konferenz und dem Plenum, in dem die Kommission sich selbst, ihre Arbeit und auch die Periode seit der letzten Weltmissionskonferenz vorstellte, gab es fünf weitere thematische Plenarsitzungen. Ihre Titel und Inhalte verbanden die Metapher eines gemeinsamen Pilgerweges mit dem der Nachfolge. Das erste thematische Plenum war zu Evangelisation unter dem Titel „Jesus nachfolgen – Jünger und Jüngerinnen werden". Das Plenum am nächsten Tag zu Evangelisation nahm dann den zweiten Teil des Titels vom Vortag auf und verband es mit Transformation: „Jünger und Jüngerinnen werden – die Welt verwandeln". Das folgende Plenum behandelte dann die missionale Ausbildung mit der Frage, wie die Jünger und Jüngerinnen, die die Welt verwandeln wollen, für diese Aufgabe zugerüstet werden: „Die Welt ver-

---

23 CWME Director's Report, a.a.O., 3.
24 CWME Director's Report, a.a.O., 6.
25 Keum greift in seinem Bericht den in Busan 2013 ausgerufenen Pilgerweg der Gerechtigkeit und des Friedens auf, CWME Director's Report, a.a.O., 4.

wandeln – Zurüstung der Jüngerinnen und Jünger". Am letzten Tag der Konferenz gab es zwei Plenarsitzungen unter dem Titel, dass die so zugerüsteten Jünger und Jüngerinnen „das Kreuz umarmen" sollten. Somit wurde der Gedankengang wie ein Band geknüpft, das die unterschiedlichen Themen und Aspekte der Nachfolge miteinander verknüpfte und sie inhaltlich aufeinander aufbauten.

Neben den Plenarsitzungen gab es zwei weitere Formate, die die Konferenz prägten. „Sokoni" ist ein Kisuaheli-Begriff für den Marktplatz in der Gemeinschaft, auf dem sich Leute versammeln, um Waren und Informationen auszutauschen. Sokoni wurde für die Konferenz als ein gemeinsamer Raum beschrieben, um Ideen und Geschichten über das Leben in der Gemeinschaft auszutauschen. Ein solcher Sokoni dauerte einen ganzen Nachmittag und vereinte unterschiedliche Elemente wie Vortrag, Vorführungen und Aktivitäten, zu denen die Besucher eingeladen waren. Der erste Sokoni zu „Jugend" war von den Teilnehmenden des integriert stattfindenden Global Ecumenical Theological Institute (GETI) mit vorbereitet.[26] Der zweite Sokoni thematisierte Gendergerechtigkeit mit dem Schwerpunkt auf den kreativen Wegen von Frauen in der Mission. Der letzte Sokoni sollte das Thema *mission from the margins* behandeln. In die Durchführung waren Netzwerke eingebunden wie das der Indigenen, zu Leben mit Behinderungen (EDAN), Migration, multikulturelle Dienste, Gerechtigkeit und Menschen, die mit HIV Aids leben u. a. m. Alle diese Veranstaltungen waren lebendig und luden die Konferenzteilnehmenden ein, sich an den unterschiedlichsten Aktivitäten zu beteiligen und so zu interagieren.

Gelegenheit für die gemeinsame inhaltliche Arbeit unter den Teilnehmenden waren die „Warshas", ein Kisuaheli Wort für Workshops. Davon gab es zwei unterschiedliche Formate. Ca. 20 waren von der Kommission und dem ÖRK vorbereitet worden und fanden zweitägig statt. Weitere 40 kamen für je anderthalb Stunden zusammen. Für die Themen dieser Workshops hatte das Team im ÖRK eine Auswahl unter Bewerbungen getroffen. Die Workshops, die vom ÖRK vorbereitet worden waren, waren den Themen Migration, Evangelisation, Leben in all seiner Fülle, Diversität und Ausbildung gewidmet. Innerhalb dieser Schwerpunkte, die an Themen der Missionserklärung anknüpfen, wurden in Workshops etwa *multicultural ministries* behandelt, es ging um Prophetie und Evangelisation in Afrika, um Kirchen als heilende Gemeinschaften oder um indigene Spiritualität für

---

[26] Vgl. dazu den Beitrag von *Anna-Katharina Diehl* in diesem Heft, S. 388–394.

den *oikos*. Das Dokument „Christliches Zeugnis in einer multireligiösen Welt" wurde in einem zweitägigen Workshop ebenso behandelt wie die Frage von Behinderung und Inklusion und Exklusion oder wie eine missionale Ausbildung aussehen sollte.

Aspekte der Missionserklärung wurden somit erkennbar zur Strukturierung der Konferenz genutzt und in die inhaltlichen Debatten eingebunden.

Folgt man dem Band, wie diese Themen durch die Plenarsitzungen und Sokonis und Warshas miteinander verflochten wurden, so wird allerdings eine Schwerpunktsetzung erkenntlich, die die aus der Missionserklärung aufgenommenen Akzente genau andersherum anordnet: Während in der Erklärung die Jüngerschaft oder Nachfolge hinter der Betonung der Rolle des Geistes zurücktritt, unterstrich die Konferenz die Aufgabe von Menschen, die in die Nachfolge gerufen werden, die dazu geistlich zugerüstet und ausgebildet werden müssen und die daher in der Lage sind, in die Kreuzesnachfolge einzutreten. Es gab Hinweise auf den Geist, der bewegt, doch durch die vorgestellten Schwerpunkte und durch die Impulsreferate während der Plenarsitzungen wurde immer wieder die menschliche Aktivität betont oder Geschichten davon erzählt, wie Menschen befähigt werden, sich in die Nachfolge und damit in die Jüngerschaft zu begeben.

Das soll hier exemplarisch an dem Plenum zu *mission from the margins* dargestellt werden. Den Hauptimpuls in diesem Plenum hielt Ada Mariana Waqa, eine junge Indigene aus Fidschi. Sie sprach sehr persönlich davon, wie sehr es sie und ihre Altersgenossen beeindruckt hat zu entdecken, dass Jesus selbst ein marginalisierter junger Mensch gewesen war:

"A marginalised status that God bestowed on him from birth. How amazing is it that the all-powerful and omniscient God of the Universe should choose to enter into our humanity as a helpless child surrounded by animals and witnessed to by shepherds and foreigners!"[27]

Darin erkennt sie eine Parallele zu ihrer Situation:

"As marginalised peoples we do not have the economic and political power to change our situations, but as Christ poignantly demonstrated throughout his life-giving ministry, the power to radi-

---

[27] *Adi Mariana Waqa:* Becoming Disciples, Transforming the World. Luke 4, 16–21. Keynote Message, Document No. PLEN 04.1, 2.

Dokumente und Berichte | 421

cally transform the world is entirely possible through the power of the Holy Spirit. "[28]

Das führt sie gedanklich so fort: Solange die christliche Botschaft als Teil der Kolonisierung des Pazifiks die indigenen Traditionen als wild, barbarisch und lüstern verdammte, waren die Inselbewohner Objekte. Mit der Neuentdeckung der eigenen Traditionen im Heiligen Geist wurden sie zu Nachfolgerinnen und Nachfolgern, die durch ihn selbst zur Mission berufen sind. Sie schloss ihren Beitrag:

"I am Adi Mariana Waqa, I am poor, I am bound, I am unfavoured, I am oppressed! But I am a precious child made in the Image of God. I have agency, I am worthy, I have a voice, and I am free! I am free because I live and walk in the Spirit! I am free and I joyfully bear God's Good News and hope as Christ's disciple from the margins transforming the world. Thanks be to God!"[29]

Workshops

Aus Deutschland waren insgesamt fünf Workshops angemeldet worden, von denen drei akzeptiert wurden.[30] Das Angebot, einen Workshop zu dem Rezeptionsprozess in Deutschland zum ökumenischen Dokument „Christliches Zeugnis in einer multireligiösen Welt" wurde insofern aufgenommen, als die Anbieter eingeladen wurden, sich in den Workshop einbinden zu lassen, den der ÖRK zu diesem Dokument anbot.

Das Evangelische Missionswerk in Deutschland (EMW) hatte mit anderen Mitgliedern der Europäischen Ökumenischen Missionsräte (EEMC) ein gemeinsames Papier zu „Mission in säkularisierten Kontexten" vorbereitet. Es wurde in das Resourcebook der Konferenz als eines der Papiere auf-

[28] *Waqa*, Becoming Disciples, a.a.O., 4.
[29] Ebd. Die weiteren Beiträge sind ihrerseits voller Beispiele: Eine gemeinschaftliche Suppenküche in Brasilien, der Kampf von Indigenen gegen ihre Ausgrenzung und Marginalisierung in Grönland oder die Konfirmation eines behinderten Mädchens. Der Beitrag zu den Philippinen geht auf das Martyrium von Christen in ihrem politischen Kampf ein. Vgl. Mission from the Margins Plenary. Response to Keynote Message by Mr Mervin Toquero, Document No. PLEN 04.5. Eine vertiefte theologische Weiterführung bieten die Beiträge nicht.
[30] Vgl. die Beschreibungen dazu in *Conference on World Mission and Evangelism: "Moving in the Spirit: called to transforming discipleship".* Handbook, 8–13 March 2018, Arusha, Tanzania, Geneva 2018, 64–80.

ÖR 67 (3/2018)

genommen, die aus den Regionen der Ökumene stammen.[31] Zu dem Work-shop, der dazu veranstaltet wurde, kamen ungefähr 50 Leute. Der Grund-ansatz des Papiers war, dass in der Missionserklärung die Realitäten des Globalen Nordens, nämlich seine säkularisierten Kontexte, wenig wahrge-nommen und tendenziell eher negativ als Versagen von Mission interpre-tiert werde. Dem versucht das Papier entgegenzusetzen, dass Säkularisie-rung nicht mit Gottesferne gleichzusetzen ist. Wenn die Missionserklärung postuliert, dass der Geist Gottes in allen Kulturen und auch den Religionen der Menschheit präsent ist und es daher Aufgabe der Mission ist, die Zei-chen seiner Gegenwart geistlich zu unterscheiden – wie soll es dann vor-stellbar sein, dass er in den säkularen Kontexten nicht präsent ist? Das Pa-pier war auch gedacht als ein Dialogangebot an diejenigen Geschwister im Globalen Süden, die hier ein Versagen der Kirchen des Nordens konstatie-ren und *reverse mission* als Unterstützung und Wiedergewinnung der Menschen für die Kirchen betonen.[32] Dagegen versucht das Papier auch unter Hinweis auf konkrete Aktionen in Großbritannien, den Niederlanden und Deutschland darzulegen, wie die Kirchen und Missionsorganisationen im Globalen Norden Verkündigung in säkularen Kontexten versuchen zu organisieren und sich dabei auf diese Kontexte einlassen, damit sie ver-wandelt werden können.

Fazit

Die Missionserklärung wird als ein Dokument geschätzt, das die unter-schiedlichen Strömungen in der Weltchristenheit und die vielfältigen An-liegen der weltweiten Mission in einem erstaunlichen Maße zusammen-bringt: Einheit, Gerechtigkeit, Globalisierung, Marginalisierung, Dialog, Versöhnung, Einladung zum Glauben, Martyrium, Heilung u. v. m. Starkes Interesse haben in der Rezeption Aussagen über die Aktivität und Präsenz des Geistes in der Schöpfung, in anderen Kulturen und in den Religionen

---

[31] Called to Transforming Discipleship in North-Western Europe. Some Reflections on Wit-nessing in Secularized Contexts; in: Resource Book. Conference on World Mission and Evangelism, "Moving in the Spirit – Called to transforming Discipleship", 8–13 March 2018, Arusha, Tanzania, ed. by *Jooseop Keum,* Geneva 2018, 84–101.

[32] Vgl. z. B. *Faustin Leonard Mahali:* Arusha: A Confluence for Transformational Agenda and Discipleship in Africa; in: From Achimota to Arusha. An Ecumenical Journey of Mis-sion in Africa, ed. by *Lesmore Gibson Ezekiel* and *Jooseop Keum,* Co-published by Ac-ton Publishers and WCC Publications, Geneva, Nairobi, 2018, 12–17, hier: 9.

hervorgerufen, sowie der Akzent der *mission from the margins*. Andererseits bleibt die Erklärung mitunter theologisch hinter Dokumenten zurück, die einzelne dieser Themen bearbeiten. Insbesondere die Einordnung der Evangelisation als absichtsvolle Einladung von Menschen zum Glauben, die Menschen aussprechen, in den weiten pneumatologischen Horizont der Erklärung, vor dem der Geist als der Handelnde in der Mission beschrieben wird, gelingt nicht ohne inhaltliche Brüche. Aus der Perspektive Nordeuropas ist ein Defizit der Erklärung, dass die säkularisierte Situation in Europa nicht wirklich ernsthaft als Herausforderung aufgenommen wird.

Das Konzept der „Mission von den Rändern" ist ein interessanter Akzent, doch bereits in der Erklärung wird das sichtbar, was auch in den Beiträgen in Arusha bestätigt wurde: Es wird nicht immer deutlich, wer bestimmt, wer am Rand ist, und wo diese Ränder liegen. Sind es soziale, ökonomische oder geographische Ränder? Was bedeutet es für die unterschiedlichen Akteure in der Mission, wenn theologisch zutreffend gesagt wird, dass der Geist Menschen, die marginalisiert sind, bevollmächtigt? Im abschließenden „Aufruf zur Nachfolge" von Arusha heißt es z.B.: „Wir sind aufgerufen, uns freudig im Sinne des Heiligen Geistes zu engagieren, der Menschen an den Rändern der Gesellschaft als seine Stellvertreterinnen und Stellvertreter im Streben nach Gerechtigkeit und Würde ermächtigt."[34] Wie sieht diese Arbeitsteilung zwischen dem Geist und dem Engagement von Menschen konkret aus?

Die Konferenz, das ist deutlich geworden, hat in unterschiedlichen Zusammenhängen Aspekte der Erklärung aufgegriffen und weitergeführt, besonders den der Evangelisation im Sinne einer Nachfolge, die verwandelt, und den Aspekt der *mission from the margins.* Ob man hier gemeinsam vorangekommen ist, bleibt allerdings schwer zu beurteilen. Die Ergebnisse der Workshops konnten nicht in den Konferenzverlauf eingespeist werden, und soweit bekannt, sind sie auch nicht dokumentiert worden. In den Plenarveranstaltungen gab es gute und vertiefende Impulse, doch es wurde vor allem auf die repräsentative Auswahl von Stimmen aus den unterschiedlichen Bereichen der ökumenischen Bewegung und der Weltchristenheit geachtet. Das ist sehr beachtenswert und zu würdigen, doch ob und wie diese sehr diversen und kontextuell prägnanten Perspektiven zusammengebracht werden können, das blieb auf der Konferenz den einzelnen und den Gesprächen in den gemischten Tischgruppen überlassen. In

---

[33] Siehe „Aufruf zur Nachfolge" in diesem Heft, S. 395 ff.

die Konferenz floss das nicht zurück. Die Themen wurden durch prägnante Beiträge exemplarisch und anschaulich dargestellt und der Diskurs dadurch eher geweitet als dass Positionen theologisch geschärft wurden, auch wenn einzelne Papiere und Vorträge das zu leisten versuchten.

Diese Spannung zwischen der Repräsentierung unterschiedlichster Kontexte und der konfessionellen Strömungen innerhalb der ökumenischen Bewegung einerseits und der Frage, wie die Konferenz das theologische Gespräch über Mission und Evangelisation weltweit vorangebracht hat, sollen hier zum Abschluss an zwei Punkten charakterisiert werden. Die Aktivitäten und Beratungen der Konferenz waren in sorgfältig vorbereitete und orchestrierte Bibelarbeiten und beeindruckende liturgische Momente eingebettet. Die gemeinsamen Gebete und die Lieder der vielen Chöre haben die Atmosphäre geprägt, und sie waren unbestreitbar jener Moment, in denen sich geistlich etwas ereignet hat. Auf dieser Grundlage lässt sich durchaus sagen, dass eine authentische oder transformative Spiritualität, von der die Erklärung spricht, eingeübt wurde.

Es gab Symbole, doch die Gebete waren wortreich und ein wenig zu sorgfältig vorbereitet. Weit im Voraus formuliert, wurden sie so gelesen, wie verfasst, mit allen Rücksichten auf ökumenische Verbindlichkeiten und Repräsentanz, die den Rahmen dafür setzten, was liturgisch unter den Anwesenden für möglich erachtet wurde. Dadurch holten die Gebete immer wieder die ganze Welt in die Andachten und stärkten das Gefühl der Verbundenheit der Anwesenden mit ihren Geschwistern in der ganzen Welt. Sie waren jedoch nicht offen für den Moment, und das Aktuelle; was sich gerade unter den Anwesenden ereignete, wurde darin wenig reflektiert. Etwas zugespitzt formuliert wurde bezeugt, wo und wie der Geist überall in der Welt wirkt, unter den Anwesenden blieb ihm dadurch in der strengen Ordnung wenig Wirkungsraum.

Am Ende der Konferenz stand ein Schlussvotum, der „Aufruf zur Nachfolge", den ein Redaktionsteam während der Konferenz verfasst hatte. Bereits in dem ersten Konzept für die Konferenz waren die darin benannten „Zeichen der Zeit" überwiegend negativ formuliert und verwiesen auf schwierige bis schreckliche Umstände, die unsere Welt prägen. Das wurde in den ersten Entwurf des Aufrufes aufgenommen, doch nach einiger Diskussion im Plenum änderte sich der Tonfall ein wenig. Jetzt heißt es darin: „Trotz einiger Hoffnungsschimmer waren wir mit todbringenden Kräften konfrontiert, die die Weltordnung erschüttern und vielen Menschen Leid bringen." Geändert hat sich vor allem, dass in den nachfolgenden Sätzen, die alle mit „wir sind aufgerufen" beginnen, die positiven Ansätze genannt sind, die durch Gott, seinen Geist und damit durch die von ihm berufenen Zeugen und Zeuginnen in der Welt verwirklicht werden sollen.

Durch die Konferenz in Arusha werden Christen und Christinnen zu einer transformierenden Nachfolge gerufen, die das ungerechte Finanzsystem, die Ausgrenzung von Menschen und Menschengruppen, die himmelschreiende Armut, Ungerechtigkeit und die Instrumentalisierung von Religion in Konflikten überwinden hilft. Auffallend ist bei all dem Nachdruck auf Nachfolge, die die Welt transformiert, dass eine Dimension von Nachfolge fehlt, der z. B. in der Missionserklärung so bezeichnet wird:

„Evangelisation bedeutet, seinen Glauben und seine Überzeugungen mit anderen Menschen zu teilen, sie zur Nachfolge einzuladen, unabhängig davon, ob sie anderen religiösen Traditionen angehören oder nicht." (83)

Doch der Aufruf endet mit einem Gebet und der Einsicht, dass alle Veränderungen, die Zeugen und Zeuginnen bewirken können, nur durch die Kraft des Heiligen Geistes möglich sind: „Bewegt vom Geist – zu verwandelnder Nachfolge berufen"!

Michael Biehl

(Dr. Michael Biehl ist im Evangelischen Missionswerk (EMW) zuständig für die Referate Theologische Ausbildung und Grundsatzfragen. Er ist Lehrbeauftragter für Missions-, Ökumene- und Religionswissenschaft am Fachbereich Evangelische Theologie der Universität Hamburg. Von 2001 bis 2012 arbeitete er als Studienleiter an der Missionsakademie an der Universität Hamburg und war seit 2003 deren Geschäftsführender Studienleiter.)

Theologie als Blues

Zum Tod von James H. Cone[1]

Am 28. April 2018 starb James H. Cone, der „Vater der Schwarzen Theologie", im Alter von 79 Jahren. Zentral für sein Werk ist es, die Verwicklung aufzudecken zwischen christlicher Theologie und weißer Vorherrschaft. Alternativ entwarf er eine Theologie, die Rassismus den Kampf ansagt – ausgehend von der Schwarzen Erfahrung der Marginalisierung, des Überlebens und des Widerstands. Seine Stimme wird im Ringen um das unabgeschlossene Projekt einer solchen Theologie nun fehlen.

Cone wurde 1938 in Arkansas, einer der segregierten Südstaaten, geboren. Er wollte – wie er selbst sagte – einen Teil der Wahrheit der christlichen Botschaft zur Sprache bringen. In seinem ersten Buch "Black Theology and Black Power", das er in nur wenigen Wochen in einem Zimmer der Schwarzen methodistischen Kirche seines Bruders als Reaktion auf die Ermordung von Martin Luther King Jr. verfasste, klang dies so: *Die christliche Botschaft in den USA des 20. Jahrhunderts heißt "Black Power". In der Selbstbehauptung Schwarzer Menschen und in ihrem Eintreten für Freiheit kommt zum Ausdruck, was Grundmotiv der biblischen Überlieferung überhaupt ist: Gottes Aktivität ist mit der Befreiung der Degradierten identisch.*

In einer Aneignung der Theologien Karl Barths und Dietrich Bonhoeffers, die das Evangelium immer auch als einen „Angriff" auf den Menschen verstanden, entwarf Cone die Schwarze Theologie als einen „Angriff" auf

*   Leicht geänderte Fassung eines auf feinschwarz.net veröffentlichten Nachrufs vom 3. Mai 2018: www.feinschwarz.net/theologie-als-blues-zum-tod-von-james-h-cone (aufgerufen am 29.06.2018)-

das weiße Christentum. Dieses könnte nur christlich werden, wenn es sich der Herausforderung stellte, sich in seiner Herrschaftsposition selbst abzuschaffen und sich so dem Ringen um Freiheit anzuschließen. Cone hat diese Gedanken im Laufe seines Lebens weiterentwickelt – in Auseinandersetzung mit der Schwarzen Kirche, Schwarzen Liedtraditionen, den Bürgerrechtsbewegungen von Martin Luther King Jr. und Malcolm X, der womanistischen Kritik am Sexismus Schwarzer Theologie und im kritischen Gespräch mit europäischen Traditionen christlicher Theologie.

Seine letzte Arbeit "The Cross and the Lynching Tree" erschien 2011 und kann als eine weitere Vertiefung seines gesamten Werkes gelesen werden. Sein ganzes Leben lang habe er über dieses Buch nachgedacht. "The lynching tree is a metaphor for white America's crucifixion of black people",[2] erklärt er in dieser Arbeit. Um zu verstehen, was das Kreuz bedeute, führe kein Weg daran vorbei, es mit den Lynchmorden an Schwarzen zusammen zu sehen, den Bildern der Gelynchten, die ihn in seinen Träumen heimsuchten. Obwohl die christliche Tradition das Kreuz zum zentralen Symbol des Christentums gemacht habe, sei diese Parallele von Weißen nie gezogen worden. Für Cone gilt aber: So wie Jesus zum Opfer des Mobs und der staatlichen Gewalt wurde, wurden und werden es auch Schwarze Menschen – durch Aufknüpfen an Bäumen oder Erschießungen durch die Polizei: "[T]he crucifixion was clearly a first century lynching."[3]

Es ist das Kreuz Jesu, das Schwarzen die Kraft gibt, nicht aufzugeben, weil – so die Schwarze religiöse Erfahrung – in aussichtsloser Situation Gottes Kraft unter den Unterdrückten erwachse und zum Überleben fähig mache. Nicht aus „Leidenssucht", sondern aus Protest könnten Schwarze deshalb singen: "Keep me near the cross!" Für Weiße werde das Kreuz damit aber zur Herausforderung: Theologie, die die eigene Eingebundenheit in die Geschichte rassistischer Gewalt ignoriert, ist damit undenkbar. J. Kameron Carter beschreibt Cones letztes Buch als „apokalyptischen Blues", als ein Buch, das in der Perspektive des Kreuzes rassistische Verhältnisse aufdeckt und sich eine Zukunft vorzustellen versucht, in der Rassismus wenigstens nicht verschwiegen wird und die Stimmen derer vernommen werden, deren Stimme immer wieder unhörbar gemacht wird.[4]

1 Vgl. *James H. Cone:* Black Theology and Black Power, New York 1969, 1–4.
2 *James H. Cone:* The Cross and the Lynching Tree, New York 2011, 166.
3 Ebd., 30.
4 Vgl. *J. Kameron Carter:* Apocalyptic Blues. On James H. Cone's "The Cross and the Lynching Tree"; in: Theology Today 2 (2013), 213–219.

Im Jahr der Veröffentlichung von "The Cross and the Lynching Tree" habe ich Cone persönlich am Union Theological Seminary in New York, an dem er fast 50 Jahre als Professor unterrichtete, als herausfordernden und zugewandten Lehrer erlebt. In seiner Vorlesung zur Einführung in die christliche Theologie erklärte er, dass die Theologie aus der Erfahrung des Widersprüchlichen erwachse. Mit James Baldwin, den er neben Martin Luther King Jr. und Malcolm X zu seiner „intellektuellen Trinität" zählte, brachte er seine widersprüchliche Erfahrung zur Sprache: "If His [God's] love was so great, and if He loved all His children, why were we, the blacks cast down so far?"[5]

Er ermutigte uns Studierende, unsere eigene Erfahrung des Widersprüchlichen zu artikulieren: "You need to find your contradiction!" Dies auch im Sinne einer kritischen Wachsamkeit gegenüber Theologie und Kirche, die unsere Erfahrungen allzu gerne übergehen würde, um in ihrer institutionellen Routine nicht gestört zu werden. In seinem Seminar zum weißen US-amerikanischen Theologen Reinhold Niebuhr, den er sehr schätzte und gerade deswegen einer tiefgreifenden Kritik unterzog, ermöglichte er uns, auch darüber zu reflektieren, in welcher Weise unser theologisches Denken von unserer gesellschaftlichen Verortung geformt wird: Wie könnte ich mich als weißer Deutscher zu meiner globalen Privilegierung selbstkritisch verhalten? Wie könnte die Theologie mir hierbei helfen und wie müsste sich die Theologie verändern?

Wenn ich über diese Fragen nachdenke, ringe ich mit Cones Überlegungen, dass Weiße ihre Hoffnung darauf setzen müssten, Schwarz zu werden, wenn sie das Christentum ernst nehmen wollten.[6] Dies hatte für Cone nichts mit der Veränderung einer Hautfarbe zu tun, wohl aber mit einem beunruhigenden, möglicherweise bis in die Verzweiflung treibenden Verständnis christlicher Existenz. Er hinterlässt hiermit eine Herausforderung für weiße Theologie, die erst noch angegangen werden muss: Können wir uns angesichts unseres kolonialen rassistischen Erbes vorstellen, uns in jedem unserer theologischen Seminare selber zum Problem zu machen – und damit versuchen, eine Theologie zu entwerfen, die weniger unberührt ist von Schwarzen Erfahrungen?

---

[5] *James Baldwin:* The Fire Next Time, New York 1963, 34.
[6] Vgl. *James H. Cone:* Black Theology and Black Power, New York 1969, 150–152.

Neben zahlreichen Artikeln sind folgende Werke James H. Cones erschienen, zum Teil auch auf Deutsch,:

- *Black Theology and Black Power,* New York 1969 (Schwarze Theologie. Eine christliche Interpretation der Black-Power-Bewegung, München 1971)
- *A Black Theology of Liberation,* New York 1970
- *The Spirituals and the Blues.* An Interpretation, New York 1972 (Ich bin der Blues und mein Leben ist ein Spiritual. Eine Interpretation Schwarzer Lieder, München 1986)
- *God of the Oppressed,* New York 1975 (Gott der Befreier. Eine Kritik der weißen Theologie, Stuttgart 1982)
- *My Soul Looks Back,* New York 1982 (Zeugnis und Rechenschaft. Christlicher Glaube in Schwarzer Kirche, Fribourg 1988)
- *For My People.* Black Theology and the Black Church, New York 1984 (Für mein Volk. Schwarze Theologie und Schwarze Kirche, Fribourg 1987)
- *Speaking the Truth.* Ecumenism, Liberation, and Black Theology, Grand Rapids 1986
- *Martin & Malcolm & America.* A Dream or a Nightmare, New York 1991
- *Risks of Faith.* The Emergence of a Black Theology of Liberation, 1968–1998, Boston 1999
- *The Cross and the Lynching Tree,* New York 2011
- *Said I Wasn't Gonna Tell Nobody.* The Making of a Black Theologian, New York 2018 (Memoiren, erscheinen im Oktober 2018)

Dominik Gautier

(Dominik Gautier ist wissenschaftlicher Mitarbeiter am Institut für Evangelische Theologie und Religionspädagogik der Carl von Ossietzky Universität Oldenburg.)

Gestern – heute – morgen

Vor 60 Jahren, am 30. April 1958, wurde die *„Aktion Sühnezeichen Friedensdienste"* auf der EKD-Synode im Berliner Johannesstift gegründet. Seitdem engagiert sie sich mit Freiwilligendiensten, Bildungsarbeit und Kampagnen gegen Antisemitismus, Rassismus und Geschichtsvergessenheit. Die Jubiläumsveranstaltung fand in der Berliner Friedrichstadtkirche statt. Die Predigt hielt Bischof Dr. Markus Dröge. Grußworte sprachen die Präses der Synode der EKD, Irmgard Schwaetzer, und Dr. Josef Schuster, Präsident des Zentralrats der Juden in Deutschland, und erinnerten an den schwierigen Anfang.

Auf der *15. Vollversammlung der Konferenz Europäischer Kirchen* in Novi Sad (Serbien), die unter dem Thema *„Ihr werdet meine Zeugen sein"* (Apg 1,8) stand, trafen sich vom 31. Mai bis 6. Juni rund 85 Delegationen der 115 Mitgliedskirchen aus ganz Europa. Neben den Wahlen des neuen Vorstands waren der ökumenische Dialog und politische und gesellschaftliche Fragen der Hauptinhalt des Treffens. Die KEK-Vollversammlung findet alle fünf Jahre statt.

Der Ökumenische Rat der Kirchen, die Weltweite Evangelische Allianz und die Gesamtafrikanische Kirchenkonferenz planten für den 10. Juni 2018 zusammen mit kirchlichen humanitären Organisationen und einer Koalition kirchlicher Netzwerke, Organisationen und Partnern einen *Weltgebetstag für ein Ende des Hungers.* In diesem Jahr wurde der *Weltgebetstag* zum zweiten Mal in Glaubensgemeinschaften weltweit begangen.

Die Arbeitsgemeinschaft Christlicher Kirchen in Deutschland (ACK) lud am 14. Juni zu einem Studientag in Fulda ein zum Thema *„Haltet mit allen Menschen Frieden!"* (*Röm 12,18*). Theologische Grundlagen des interreligiösen Dialogs. Die Teilnehmer*innen tauschten sich über die theologischen Grundlagen des Dialogs aus. Die ACK hat es sich zur Aufgabe gemacht, angesichts einer zunehmenden Säkularisierung einerseits und der wachsenden Präsenz anderer Religionen andererseits die theologische Reflexion über die Grundlagen des interreligiösen Dialogs voranzutreiben.

Der *Zentralausschuss des Ökumenischen Rates der Kirchen (ÖRK)* traf sich vom 15. bis 21. Juni in Genf. Seine Aufgaben sind u. a. die von der Vollversammlung angenommenen Richtlinien auszuführen, den Haushalt des Rates zu beaufsichtigen und die Programmarbeit anzuleiten. Der Zentralausschuss hatte mit den Themen Einheit, Gerechtigkeit und Frieden ein umfassendes Tagungsprogramm. Zugleich beschloss er, dass die

ÖR 67 (3/2018), S. 430–432

nächste *Vollversammlung des ÖRK* im Jahr 2021 in Karlsruhe stattfinden wird. Mitbewerberin war die südafrikanische Metropole Kapstadt. Erstmals in der 70-jährigen Geschichte des ÖRK wird die Vollversammlung somit in Deutschland stattfinden. Die Einladung nach Karlsruhe wurde gemeinsam durch die Evangelische Kirche in Deutschland (EKD), die Arbeitsgemeinschaft Christlicher Kirchen in Deutschland (ACK) und die Evangelische Landeskirche in Baden (EKIBA) ausgesprochen. Sie wird unterstützt durch die Evangelische Kirche der Pfalz, die Evangelische Landeskirche in Württemberg, das Katholische Erzbistum Freiburg, die Arbeitsgemeinschaft Christlicher Kirchen in Baden-Württemberg, die lokalen christlichen Kirchen in Karlsruhe sowie durch die Union der Églises protestantes d'Alsace et de Lorraine (UEPAL). Die Veranstaltungen werden in Karlsruhe und Strasbourg stattfinden, womit es sich um die erste grenzüberschreitende Vollversammlung des ÖRK handeln wird.

Der ÖRK-Zentralausschuss hat bei seiner Tagung in Genf die *„African Brotherhood Church"* und die *„Gemeinschaft baptistischer Kirchen in Zentralafrika"* als neue Mitglieder aufgenommen. Damit gehören nun insgesamt 350 Gemeinschaften mit mehr als 500 Millionen Christen dem Weltkirchenrat an. Die „African Brotherhood Church" wurde 1945 von mehre-

ren Bruderschaften, die durch Missionare zum Glauben gekommen waren, gegründet. Bildung und Inkulturation des christlichen Glaubens in die afrikanische Kultur waren ihre Schwerpunkte. Heute hat sie knapp 160.000 Mitglieder und ist vor allem in Kenia aktiv. Der 1927 gegründeten „Gemeinschaft baptistischer Kirchen in Zentralafrika" gehören rund 500.000 Mitglieder an. Sie ist im östlichen Teil der Demokratischen Republik Kongo verbreitet.

Die Mitglieder des Zentralausschusses versammelten sich am 17. Juni gemeinsam mit lokalen Kirchenleitenden, Partnern und Freunden des ÖRK sowie mit Mitarbeitenden und ehemaligen Mitarbeitenden in der Saint-Pierre-Kathedrale zu einem *Gebetsgottesdienst zum 70-jährigen Jubiläum des ÖRK*. Der Ökumenische Patriarch, Seine Allheiligkeit Bartholomäus I., hielt die Predigt.

„Ökumenischer Pilgerweg – Gemeinsam unterwegs sein, beten und arbeiten" war das Thema des *Besuchs von Papst Franziskus* am 21. Juni in Genf und ein zentrales Ereignis im Rahmen der ökumenischen Feiern zur Gründung des ÖRK vor 70 Jahren. Der Papst verwies auf die aktive katholische Beteiligung an der Kommission für Glauben und Kirchenverfassung, der Kommission für Weltmission und Evangelisation, die Zusammenarbeit mit dem Büro für interreligiösen Dialog und interreligiöse

Zusammenarbeit, zuletzt im Zusammenhang mit dem wichtigen Thema Friedenserziehung, sowie die gemeinsame Erstellung der Texte zur Gebetswoche für die Einheit der Christen. Damit unterstrich er gleichzeitig die seit 50 Jahren andauernde Zusammenarbeit mit der Römisch-katholischen Kirche im Streben nach der Einheit der Christen.

Zum 70-jährigen Bestehen des Ökumenischen Rates der Kirchen (ÖRK) und zum Jahrestag der Bestellung von Athenagoras I. zum Ökumenischen Patriarchen 1948 veranstaltete die Theologische Fakultät Thessaloniki eine *Konferenz führender orthodoxer Theologen*. Dabei spielte die Frage *nach dem Zeitpunkt der vollen Trennung von griechisch-orthodoxer und römisch-katholischer Kirchenfamilie* eine wichtige Rolle. Je näher das Jahr 2054 und mit ihm der tausendste Jahrestag rückt, an dem die päpstlichen Legaten in der Hagia Sophia den Bann über Patriarch Michael Keroularios von Konstantinopel verhängten, desto eifriger beschäftigen sich Kirchenhistoriker und Dogmatiker mit der Frage, ob 1054 wirklich schon der Beginn des „Großen Schismas" zwischen Ost- und Westkirche gewesen ist.

Während der *Weltwoche für Frieden in Palästina und Israel* vom 16. bis 21. September, in die auch der Internationale Gebetstag für den Frieden am 21. September fällt, sind kirchliche Organisationen, Gemeinden und Gläubige weltweit zum gemeinsamen Friedenszeugnis aufgerufen, in dem sie an Gottesdiensten und Bildungsveranstaltungen teilnehmen und mit ihrem Handeln Frieden und Gerechtigkeit für Israelis und Palästinenser/innen unterstützen.

Die *43. Interkulturelle Woche* findet vom 23. bis 29. September statt und steht unter dem Motto *„Vielfalt verbindet"*. Geplant sind mehr als 5.000 Veranstaltungen an mehr als 500 Orten im gesamten Bundesgebiet. In einem Gemeinsamen Wort der Kirchen laden der Vorsitzende der Deutschen Bischofskonferenz, Kardinal Reinhard Marx, der EKD-Ratsvorsitzende, Landesbischof Heinrich Bedford-Strohm, und der Vorsitzende der Orthodoxen Bischofskonferenz in Deutschland, Metropolit Augoustinos, dazu ein.

Vom 19. bis 23. Juni 2019 findet in Dortmund der *37. Evangelische Kirchentag* unter der Losung *„Was für ein Vertrauen"* (2 Kön 18,19) statt. Der Präsident des Kirchentages, Hans Leyendecker, lud bereits auf dem Katholikentag in Münster dazu ein. Ebenso sprach der Limburger Bischof Georg Bätzing die Einladung zum *dritten Ökumenischen Kirchentag 2021* (12. bis 16. Mai) in die „weltoffene Stadt" Frankfurt am Main aus.

Von Personen

Heiner Wilmer SCJ wurde von Papst Franziskus als Nachfolger von *Norbert Trelle*, der im September vorigen Jahres in den Ruhestand gegangen ist, zum neuen Bischof von Hildesheim ernannt. Das Hildesheimer Domkapitel wählte ihn zum 71. Bischof des Bistums Hildesheim. Weihbischof *Dr. Nikolaus Schwerdtfeger* leitet das Bistum Hildesheim bis zur Einführung des neuen Bischofs als Diözesanadministrator.

Franz Jung wurde am 10. Juni als neuer Bischof von Würzburg im Kiliansdom vom Bamberger Erzbischof Ludwig Schick geweiht. Er tritt die Nachfolge von Bischof *Friedhelm Hofmann* an, der im September 2017 von Papst Franziskus in den Ruhestand entlassen wurde. Danach hatte Weihbischof *Ulrich Boom* das Bistum übergangsweise geleitet.

Jevgenij (Valerij Rešetnikov), Erzbischof von Vereja (südwestlich von Moskau), ist von der Synode der zum Moskauer Patriarchat gehörenden autonomen estnisch-orthodoxen Kirche zum neuen Vorsteher gewählt worden. Er war bisher Rektor der Theologischen Akademie in Moskau und Vorsitzender der Bildungskommission der russisch-orthodoxen Kirche.

Gottfried Locher, seit 2011 Ratspräsident des Schweizerischen Evangelischen Kirchenbunds (SEK), ist für vier weitere Jahre gewählt worden. Gegen ihn trat die Zürcher Pfarrerin *Rita Famos* an, die seit 2013 die Abteilung Spezialseelsorge der Evangelisch-reformierten Landeskirche des Kantons Zürich leitet.

Kommandeur *Brian Peddle* wird als 21. General die Geschicke der internationalen Heilsarmee leiten. Der sogenannte Hohe Rat (High Council) wählte in London den Kanadier in das höchste Amt der evangelischen Freikirche und Hilfsorganisation. Damit tritt Peddle Anfang August die Nachfolge von General *André Cox* an, dessen fünfjährige Amtszeit dann endet.

Andreas Ohlemacher, promovierter Kirchenhistoriker und Pastor in den Kirchengemeinden Hedemünden-Oberode und Wiershausen-Lippoldshausen im Kirchenkreis Münden (Südniedersachsen), ist von der Kirchenleitung der Vereinigten Evangelisch-Lutherischen Kirche Deutschlands (VELKD) zum Referenten für Theologische Grundsatzfragen im Amtsbereich der VELKD berufen worden. Er wird Nachfolger von *Claas Cordemann,* der zum 1. März die Leitung der Fortbildung in den ersten Amtsjahren in der Evangelisch-lutherischen Landeskirche Hannovers übernommen hat.

Kristina Kühnbaum-Schmidt, Regionalbischöfin der Evangeli-

434 | schen Kirche in Mitteldeutschland (EKM), und *Karl-Heinrich Melzer,* Propst im Evangelisch-Lutherischen Kirchenkreis Hamburg-West/Südholstein bewerben sich um die Nachfolge von Landesbischof *Gerhard Ulrich,* der zum 1. April 2019 in den Ruhestand tritt. Er war 2013 zum ersten Landesbischof der neu gegründeten Nordkirche gewählt worden. Die Landessynode will am 27. September seinen Nachfolger wählen.

Archimandrit *Serovpé Isakhanyan,* seit Januar Locum tenens, ist von einer außerordentlichen Diözesan-Delegierten-Versammlung der Armenisch-Apostolischen Kirche in Deutschland zum neuen Primas der Diözese gewählt worden. Er ist Nachfolger des in den Ruhestand getretenen Erzbischofs *Karekin Bekdjian,* der die Diözese mit Sitz in Köln seit 1992 geleitet hatte.

Donna Barrett, Pastorin aus Ohio, ist zur neuen Generalsekretärin der Pfingstkirche „Assemblies of God" der USA gewählt worden. Sie hat ihr Amt als erste Frau in der Leitung der über 100-jährigen Geschichte der Kirche am 1. Juni angetreten.

Marinez Bassotto, bisher Pfarrerin in Porto Alegre und Cachoeirinha sowie Dekanin an der Dreifaltigkeitskathedrale, ist zur Bischöfin der anglikanischen Episkopalkirche von Brasilien (Igreja Episcopal Anglicana do Brasil) für die Amazonas-Diözese geweiht worden. Sie ist damit die erste anglikanische Bi-schöfin in Südamerika. Die Kirchenprovinz hatte die Frauenordination 1984 eingeführt.

Dagmar Heller, Daniel Lenski und *Lothar Triebel* sind in einem Gottesdienst in der Bensheimer Michaelskirche feierlich in ihre neuen Aufgaben am Konfessionskundlichen Institut des Evangelischen Bundes in Bensheim eingeführt worden. Heller, zuvor seit 2007 Dozentin und seit 2014 Studiendekanin am Ökumenischen Institut in Bossey, ist seit Jahresbeginn Fachreferentin für Orthodoxie. Der Theologe und Politikwissenschaftler Lenski übernahm das neu eingerichtete Fachreferat für Anglikanismus und Ökumene auf Weltebene. Zu seinen Aufgaben gehört die Kontaktpflege zum Ökumenischen Rat der Kirchen (ÖRK), dem Lutherischen Weltbund (LWB) und der Weltgemeinschaft Reformierter Kirchen (WGRK). Triebel, Fachreferent für freikirchliche Entwicklungen auf nationaler und internationaler Ebene, war zuvor Theologischer Fachreferent der Synode der Evangelischen Kirche in Hessen und Nassau sowie von 2002 bis 2007 Pfarrer der Evangelischen Kirchengemeinden Mainz-Ebersheim und Zornheim.

Christian Krieger, reformierter Pastor aus dem elsässischen Straßburg, ist auf der Vollversammlung der KEK im serbischen Novi Sad zum Präsidenten der Konferenz Europäischer Kirchen (KEK) gewählt worden. Krieger tritt mit der fünfjährigen Amtszeit die Nachfolge des anglikanischen Bischofs *Christopher Hill* aus Großbritannien an. Zu KEK-Vizepräsidenten wurden *Cleopas Strongylis,* Metropolit von Schweden und ganz Skandinavien, und gehört damit zum Ökumenischen Patriarchat von Konstantinopel, und *Gulnar Francis-Dehqani,* Bischöfin der Kirche von England gewählt. Sie folgen auf Dekanin *Karin Burstrand* Dekanin der protestantischen Kirche Schwedens und den orthodoxen Metropoliten *Emmanuel von Frankreich.*

Svetlana Kundish wird die erste jüdische Kantorin in Niedersachsen. Die Musikerin wird künftig in der Jüdischen Gemeinde in Braunschweig tätig sein. Als Solistin trat sie bereits international mit klassischem Repertoire und jüdischen Liedern auf.

Es vollendeten

das 70. Lebensjahr:

Johannes Friedrich, ehemaliger Landesbischof der Evangelisch-Lutherischen Kirche in Bayern (1999–2012), leitender Bischof der Evangelisch-Lutherischen Kirche Deutschlands (VELKD) (2005 bis 2012), Propst der evangelischen Kirche in Jerusalem (1985–1991), am 20. Juni;

das 90. Lebensjahr:

Heinz-Joachim Held, Präsident der Evangelischen Kirche am La Plata in Buenos Aires (1968–1975), Vorsitzender des Zentralausschusses des Ökumenischen Rates der Kirchen (1983–1991) und Leiter des Kirchlichen Außenamtes der EKD (1975–1993), langjähriger Herausgeber und Moderator der Ökumenischen Rundschau, am 16. Mai.

Verstorben sind:

James H. Cone, Professor für Systematische Theologie am Union Theological Seminary in New York, Mitbegründer der Schwarzen Theologie, im Alter von 79 Jahren, am 28. April (s. Nachruf i.d.H., S. 426 ff);

Calle Almedal, UNAIDS Senior Adviser für Partnerschaften mit zivilgesellschaftlichen und glaubensbasierten Organisationen von 1997 bis 2007, im Alter von 73 Jahren, am 7. Juni;

Jürgen Rohde, ehemaliger Vizepräsident der Kirchenkanzlei der Union Evangelischer Kirchen in der EKD (UEK), setzte sich u. a. für die rechtliche Gestaltung der Ost-West Verbindungen der EKU sowie ab 2001 für die Überführung der EKU in die größere Gemeinschaft der Union Evangelischer Kirchen in der EKD (UEK), im Alter von 79 Jahren, am 5. Juni;

Archimandrit Mina Dobzeu, der letzte große orthodoxe Bekenner im kommunistischen Rumänien, verbrachte in der Zeit der Kommunistenherrschaft von 1948 bis 1989 sieben Jahre in Gefängnissen und Straflagern, im Alter von 97 Jahren, am 7. Juni.

Zeitschriften und Dokumentationen

I. Ökumenische Bewegung

Olav Fykse Tveit, Walking Together, Serving Justice, EcRev 1/18, 3–15;

Konrad Raiser, The Way of Ecumenism: Gratitude and Commitment, ebd., 35–48;

Theodore A. Gill, Jr., Eugene Carson Blake: Renewal in Church and Society, ebd., 84–88;

Isabel Apawo Phiri, Reformation, Africa, and Diakonia, ebd., 136–146;

Arnhild Leer-Helgesen, Rethinking Diakonia and Transforming Our World, ebd., 147–162;

Gerhard Feige, Inspiriert und inspirierend. Ökumene der Begegnungen – Ökumene der Symbole, KNA-ÖKI 20/21/18, Dokumentation I–IV;

Hans-Georg Link, Langer Weg zur Gemeinschaft. Zum 70-jährigen Bestehen des Ökumenischen Rates der Kirchen, ebd. 25/18, Thema der Woche, I–VIII;

Patriarch Bartholomaios I., Schwierigkeiten überwinden. Ein Aufruf zum „Streben nach Einheit", ebd. 26/18, Dokumentation I–IV;

Papst Franziskus, Schwung der Frohen Botschaft. Evangelisierung ist „Blüte eines neuen ökumenischen Frühlings", ebd., Dokumentation V–VIII;

Anselm Verbeek, „Die Tradition bin ich". Vor 150 Jahren berief Papst Pius IX. das Erste Vatikanische Konzil ein, ebd., 9–10.

II. Christliche Sozialethik und Migration

Ludger Schwienhorst-Schönberger, Dem Kaiser, was des Kaisers ist. Christentum und Migrationspolitik, StimdZ 5/18, 329–342;

Michelle Becka, Verantwortung übernehmen. Christliche Sozialethik und Migration, ebd., 343–352;

Hans Maier, Die Kirche – prophetisch zur Migration. Wo die Kirche nicht schweigen darf. Zur Migrationspolitik, ebd., 353–354.

III. Kirche und Sicherheit

Regina Ammicht Quinn, „Ein feste Burg ist unser Gott": Notwendigkeiten und Grenzen von Sicherheit, concilium 2/18, 144–152;

Matias Omar Ruz, Kirche und Sicherheit in Argentinien. Das wechselhafte Geschick einer umstrittenen Verbindung, ebd., 169–175;

Jojo Fung, Unterwegs zu einer Theologie der menschlichen Sicherheit. Der philippinische Kontext, ebd., 176–182;

Pilar Mendoza, Vertreibung in Kolumbien: Der Verlust aller Sicherheiten, ebd., 183–190;

Michal Kaplanek, Von bescheidener Sicherheit zu unsicherer Freiheit, ebd., 198–206.

IV. Aus der orthodoxen Kirche

Barbara Hallensleben, Kreuzung oder Scheideweg? Perspektiven des orthodox-katholischen Dialogs, KNA-ÖKI 19/18, 9–10;

Ciprian Streza, Die liturgische Krise der orthodoxen Kirche in der heutigen säkularen Welt – ein Anlass zur Erneuerung?, Ostkirchliche Studien 2/17, 221–235;

Péter Szabó, Return to the „Ancestral Traditions" (OE n. 6a) Reasons and Meaning, ebd., 256–284;

Andrej Cilerdzic, Den Wandel mitgestalten. Eine orthodoxe Position zur „Mission der Kirche in der modernen Welt", KNA-ÖKI 23/18, Dokumentation I–IV.

V. Weitere interessante Beiträge

Doris Reisinger, #Nuns Too. Sexueller Missbrauch an Ordensfrauen. Fakten und Fragen, StimdZ 6/18, 374–384;

Heinz Werner Wessler, Eine katholische Nationalheilige für Pakistan? Ruth Pfau (1929–2017), ebd., 385–394;

Gerhard Feige, Chance nicht vertun. Konfessionsverbindende Ehen und Teilnahme an der Eucharistie, KNA-ÖKI 18/18, Dokumentation I–IV;

Gerhard Feige, Darf es keine Regelungen geben? Worum es beim Streit um den Kommunionempfang geht, ebd., 22/18, Dokumentation I–IV;

Karl Heinz Voigt, Breites Spektrum an Positionen. Freikirchentagung zu Israel-Theologien kirchlicher Minderheiten, ebd., 23/18, 9–10;

Thomas Grossbölting, Das andere 1968. Die Protestbewegung und die katholische Kirche, Her-Korr 6/18, 22–25;

Michael Karger, Sterbehilfe und Seelsorge, ebd., 28–31;

Hans-Dieter Mutschler, Genialer Vordenker. Der Theologe und Naturphilosoph Pierre Teilhard de Chardin, ebd., 32–34;

Annemarie Mayer, L'impact de la Réforme dans l'Eglise catholique, Irénikon 4/17, 483–499;

Peter De Mey, La commération de la Réforme comme point de départ pour une déclaration commune sur l'Église, l'eucharistie et le ministère?, ebd., 500–525;

Evangelische Kirche in Deutschland (Hg.), Kompetenzen und Standards für den evangelischen Religionsunterricht an berufsbildenden Schulen. Ein Orientierungsrahmen.

Neue Bücher

KIRCHENKUNDE

Christof Landmesser (Hg.), Bultmann Handbuch. Mohr Siebeck, Tübingen 2017. 546 Seiten. Kt. 49,– EUR/Ln. mit SU und als e-Book/PDF 129,– EUR.

Das Handbuch ist wie andere aus der Reihe „Handbücher Theologie" nach Orientierung – Person – Werk – Wirkung und Rezeption aufgebaut. Da keine Gesamtausgabe von Bultmanns Werk existiert, ist der zu Beginn gegebene Überblick über Einzelausgaben, Aufsatzbände und Editionen sowie eine Zusammenfassung von Hilfsmitteln, Institutionen und der neueren Bultmann-Forschung äußerst hilfreich.

Die Mitte des Handbuchs bilden der über die Person informierende zweite Teil und der dritte Teil. Nachdem Bultmanns Biografie knapp jedoch pointiert zusammengefasst wurde, folgt eine fünfteilige Analyse der traditionsgeschichtlichen Wurzeln des Theologen. Hervorzuheben ist der Beitrag über Augustin, Luther und das Luthertum (24–30), da hier Bultmanns lutherisches Profil klar herausgearbeitet wird. Dieser Beitrag wird, wie in anderen Beiträgen des Bandes, meist von biografischen Hinweisen eingeleitet und anschließend mithilfe von Verweisen auf sein Werk konkretisiert. Letztlich wird deutlich, dass Bultmanns Theologie auf einer Verbindung von Luthertum und Pietismus fußt und dies „für sein späteres theologisches Denken in gewisser Weise prägend" blieb (24). Wie in anderen Beiträgen werden kritische Anfragen von Bultmanns Zeitgenossen in die Darstellung eingebunden und erlauben dem Benutzer/der Benutzerin dadurch einen differenzierten Zugang zum Werk. Aktuelle Literatur rundet jeden Beitrag ab. Außerdem erwähnenswert ist der vierte Beitrag (43–50), der sich mit der Verwurzelung in der historisch-kritischen Tradition beschäftigt und anschaulich den Werdegang des Theologen nachzeichnet. Schlussendlich wird durch die Analyse der verschiedenen Traditionslinien Bultmanns theologisches Profil geschärft und die Bedeutung seiner Theologie für den heutigen fachwissenschaftlichen Diskurs herausgestellt.

Es folgt darauf das dritte Unterkapitel, das in 17 Beiträgen Bultmanns Beziehungen zu Zeitgenossen beschreibt. Jeder Beitrag, der die wichtigsten Entwicklungen mit jeweils unterschiedlichen Akzentuierungen versieht, lässt sowohl die persönliche als auch die berufliche Ebene der Akteure zur Sprache kommen. Beispielhaft ist Bultmanns Beziehung zu Martin Heidegger in ihrer Analyse (79–87) von *A. Großmann*. Der Beitrag thematisiert sowohl biografische als auch werkgeschichtliche Entwicklungen in der Beziehung zwischen den Denkern. Interessant ist, dass für Bultmann „Sein und Zeit", trotz Heideggers politischer Verwicklungen in den Nationalsozialismus, „zeit seines Lebens ein maßgeblicher Referenztext im Bemühen um die Entfaltung der Sache einer hermeneutischen Theologie" (84) blieb. Der Beitrag zeichnet sowohl das theologische Interesse Heideggers als auch das philosophische Interesse Bultmanns gleichermaßen deutlich nach.

Der zweite Teil wird mit Beiträgen über Bultmanns politisch-gesellschaftliche Beziehungen abgerundet, die in ihrer Prägnanz und Pointierung überaus interessante und differenzierte Analysen darstellen. Der vierte Beitrag, „Bultmann und Kultur" (167–173), zeichnet mithilfe unzähliger Querverweise und Quellen aus der Bultmann-Forschung die Entwicklung des Kulturverständnisses des Theologen vor, während, zwischen und nach den Weltkriegen nach und verliert dabei dennoch nicht den roten Faden. Darüber hinaus wird deutlich, welche zentrale Rolle moderne Literatur für den Theologen Bultmann gespielt hat: „Für ihn gilt, [dass, A.H.] wer ‚meine theologische Intention verstehen will, sich auch orientieren muss an der nichttheologischen Literatur der modernen Zeit. [...]'" (167), denn in ihr würde eben auch ein gewisses Verständnis von der Existenz des Menschen wiedergegeben, an deren Analyse Bultmanns

theologisches Interesse sich maßgeblich entzündete. Neben Bultmanns Beziehung zur Kultur werden außerdem seine Beziehungen zur Kirche, zur Politik und zum Judentum beschrieben.

Der dritte und überaus gewichtige Teil des Handbuchs ist dem Werk Bultmanns gewidmet. Zu Beginn werden die Gattungen, die Bultmanns Werk umfassen, analysiert (176–213). Danach steht das Herzstück des Handbuchs, das sowohl die Strukturen (213–240), als auch die theologisch-philosophischen Themen (240–395) von Bultmanns Werk umfasst, im Mittelpunkt. Das Unterkapitel über die Strukturen entfaltet zentrale Begriffspaare, wie Sünde und Rechtfertigung oder Glauben und Verstehen, und bietet damit eine aufschlussreiche strukturell-systematische Orientierung, vor allem für eine erste Verständigung mit dem Werk Bultmanns.

Das dritte Unterkapitel, das sich den Themen widmet, umfasst 21 Beiträge. Beispielhaft ist auf den Beitrag von M. Wendte über den „Begriff der Offenbarung" (355–361) einzugehen. Wendte bearbeitet das Thema, das „in das Zentrum von Bultmanns Theologie" (355) führt, in logisch aufeinander abgestimmten Schritten, die eher systematisch, als historisch-genetisch organisiert sind (356). Hervorzuheben ist die knappe aber dennoch treffende Verhältnisbestimmung zwischen Philosophie und Theologie, die sowohl

440 die daseinsanalytischen Bezugspunkte als auch die theologischen Neubestimmungen von Bultmanns Offenbarungsverständnis unterstreichen (359).

Der Beitrag „Hermeneutik und existenziale Interpretation" von *C. Landmesser* (373–383) arbeitet glänzend das konstitutive Verhältnis zwischen den Begriffen „hermeneutische Theologie", „Geschichtswissenschaft" und „Selbstauslegung" heraus.

Der letzte Teil des Handbuchs befasst sich mit der Wirkung und Rezeption von Bultmanns Werk, der in neun Unterkapitel eingeteilt ist. Hier wird über die sog. Bultmannschule, die Entmythologisierungsdebatte und über die Rezeption in den verschiedenen theologischen und nicht-theologischen Fachbereichen informiert, wobei die Kritik an Bultmanns Werk differenzierter hätte analysiert werden können.

Für die künftige Bultmann-Forschung ist dieses Werk unentbehrlich.

Achim Hofmann

Ulrich H. J. Körtner, Ökumenische Kirchenkunde (Lehrwerk Evangelische Theologie Bd. 9). Evangelische Verlagsanstalt, Leipzig 2018. 375 Seiten. Gb. 38,– EUR.

Das Buch ist die zweite Veröffentlichung in der Reihe „Lehrwerk Evangelische Theologie", die mit ihren Einzeldarstellungen ein Grundwissen in den Fachgebieten der evangelischen Theologie vermitteln will. Mit der Aufnahme einer Kirchen- und Konfessionskunde wird deutlich, dass eine ökumenische Kompetenz unverzichtbar zu einer fundierten theologischen Urteilsbildung gehört. In seinem Vorwort unterstreicht der Autor diese Überzeugung, indem er betont, dass grundlegende Kenntnisse der verschiedenen christlichen Kirchen und Konfessionsfamilien als „unabdingbar" sowohl für das Theologiestudium wie auch für das religionswissenschaftliche Studium des Christentums zu betrachten sind (XI). Das Lehrbuch beschränkt sich dabei nicht auf eine Übersicht über die Hauptströmungen des Christentums und seiner Kirchen, sondern will zugleich grundlegend über die christliche Ökumene, ihre Geschichte und Entwicklung, einschließlich des Verhältnisses zum Judentum und zu den übrigen Religionen sowie über den Stand der Diskussion über unterschiedliche Modelle der Einheit der Kirchen informieren.

Dieser integrale und weitgesteckte Ansatz ist für den Autor eine logische Folge für die Fortentwicklung der Konfessionskunde. Weder ein traditionell apologetisches Interesse noch ein überwiegend deskriptiv hermeneutischer Zugang werden der gegebenen Pluralität des Christentums gerecht. Konfessionskunde erfordert, auch wenn sie – wie ausdrücklich erwähnt – von einem evangelischen Standort aus formuliert ist, ein positives Verständnis von Ökumene und eine „theologische Theorie von Identität und Differenz im Christentum" (ebd.). Die Darstellung beginnt deshalb mit einer diskursiven Darlegung der konzeptionellen und methodischen Grundlagen. Dabei wird einerseits hervorgehoben, dass angesichts der globalen Kirchenvielfalt eine Konzentration auf „exemplarische Einzeldarstellungen" unumgänglich ist, jedoch dabei immer systematisch-theologische Elemente in Gestalt einer „Theorie der Ökumene" reflektiert werden, die „sich an der Schnittstelle zwischen systematisch-theologischer Ekklesiologie und praktisch-theologischer Kirchentheorie" bewegt (24).

Basierend auf diesen konzeptionellen Erwägungen werden in den nachfolgenden Kapiteln die einzelnen Bereiche und Inhalte entfaltet. Der Beschreibung und Profilierung der verschiedenen kirchlichen Traditionen und Familien vorangestellt ist die Grundfrage nach dem Ursprung und der Vielfalt der Kirchen (30–49). Dabei wird die Ur-Trennung von Kirche und Synagoge nicht nur als historisches Ereignis aufgefasst, sondern auf dessen bleibende Relevanz verwiesen, insofern als dass „das Verhältnis zum heutigen Judentum als bleibendes Problem der Ökumene und der ökumenischen Theologie zu begreifen und zu bearbeiten ist" (40).

Angelehnt an eine historisch orientierte Aufschlüsselung der kirchlichen Konfessionsvielfalt in einzelne Hauptstämme und deren Verästelungen (bündelndes Schaubild, 41) beginnt die Darstellung der Kirchen mit der orthodoxen Kirchenfamilie (50–75), darauf folgen die altorientalischen Kirchen (76–95), die katholischen Kirchen (!) (96–154) und die protestantischen Kirchen (155–252), zu denen neben den klassischen Konfessionstypen (luth., ref., uniert) auch die anglikanische Kirchengemeinschaft wie auch die evangelischen Freikirchen (Waldenser, Mennoniten, Methodisten, Baptisten u. a.) gerechnet werden. Daran schließt sich ein Kapitel über das „pfingstlich-charismatische Christentum und christliche Sondergemeinschaften" an (255–285), wobei der Autor differenzierend hervorhebt, dass diese Verknüpfung keine „gemeinsame theologische Basis" unterstellt, sondern lediglich aus „didaktischen Gründen" geschieht (43). Eine wichtige Klarstellung, die jedoch im Blick auf das pentekostale und charismatische Christentum etwas nebulös und unbefriedigend bleibt, zumal die Verwurzelung einzelner dieser Kirchen und Gruppierungen im „protestantischen Christentum" durchaus erwähnt und benannt wird (43).

Im Zentrum der Einzeldarstellungen der Kirchen stehen meist (überwiegend bei den größeren Kirchen) einige grundlegende durchlaufende Aspekte und Fragestellungen:

Geschichte und Organisation, kirchliches Selbstverständnis mit seinen theologischen Grundlagen, gottesdienstliches Leben, sozialdiakonisches Handeln und das Verhältnis zur Ökumene. Diese strukturelle Anlage schafft Möglichkeiten der Vergleichbarkeit, ohne dabei einem rasterhaften Formalzwang zu unterliegen. Erfreulich ist, dass grundsätzlich der Blick auf den gesamten deutschsprachigen Raum ausgerichtet ist, so dass neben Deutschland auch Österreich und die Schweiz mit ihren eigenen Prägungen und Verhältnissen Beachtung finden.

Das Schlusskapitel ist explizit dem Thema „Ökumene" gewidmet. Neben einem Abriss über die Geschichte der ökumenischen Bewegung werden ökumenische Zusammenschlüsse und Organisationen (ÖRK, KEK, GEKE, WEA) vorgestellt sowie die konfessionellen Weltbünde und Kirchenfamilien. Die ACK taucht eigenartiger Weise unter dem Stichwort „Ökumene vor Ort" auf. Dies wirkt angesichts der landesweiten ACK-Struktur („Kirchenrat") zwar etwas eindimensional, greift damit aber zumindest die praktische Zielrichtung und den gemeindeorientierten Nutzwert der ACK-Arbeit auf. Thematisiert werden in diesem Schlusskapitel auch Modelle und Perspektiven für die Einheit der Kirche mit ihren Differenzen und deutlichen Alternativen wie auch das Thema „Dialog der Religionen" und erneut die Frage nach dem Verhältnis von „Kirchen und Judentum".

Das Buch bietet eine Fülle an fundierten Einzelinformationen. Es erschließt ekklesiale Identitätsprofile und trägt mit seinem inhaltlichen Format und seiner systematischen Anlage zu einer vertieften ökumenischen Bildung bei. Mit seiner ökumenisch reflektierten und verantworteten Zielrichtung und Betrachtungsweise verdeutlicht es übergreifende Zusammenhänge und erinnert zugleich an bleibende Aufgabenstellungen. Dies gilt nicht zuletzt im Blick auf einen elementaren Mahn- und Merkposten: das Verhältnis der Kirche(n) zum Judentum als zentrale Schlüsselthematik einer christlichen Ökumene.

Klaus Peter Voß

GERECHTER FRIEDEN

Ines-Jacqueline Werkner und *Christina Schües* (Hg.), Gerechter Frieden als Orientierungswissen. Grundsatzfragen Band 1 (2. Aufl.). Springer VS, Wiesbaden 2018. 122 Seiten. Br. 14,99 EUR sowie:
Sarah Jäger und *Ines-Jacqueline Werkner* (Hg.), Gewalt in der Bibel und in kirchlichen Traditionen. Fragen zur Gewalt Band 1. Springer VS, Wiesbaden 2018. 127 Seiten. Br. 17,22 EUR.

Mit diesen beiden hier anzuzeigenden kleinen Bänden werden die ersten Ergebnisse eines dreijährigen Konsultationsprozesses zum Leitbild des gerechten Friedens vorgelegt, wie es in der Friedensdenkschrift von 2007 entwickelt wurde. Der Konsultationsprozess wird vom Rat der EKD und der Evangelischen Friedensarbeit unterstützt und von der Evangelischen Seelsorge in der Bundeswehr gefördert. Er steht unter dem Gesamtthema „Orientierungswissen zum gerechten Frieden. Im Spannungsfeld zwischen ziviler gewaltfreier Konfliktprävention und rechtserhaltender Gewalt" und wird von der Forschungsstätte der Evangelischen Studiengemeinschaft (FEST) koordiniert, die zur Durchführung vier interdisziplinär zusammengesetzte Arbeitsgruppen gebildet hat. Die Arbeitsgruppen behandeln: Grundsatzfragen (I), Fragen zur Gewalt (II), Frieden und Recht (III), sowie politisch-ethische Herausforderungen (IV). Die beiden hier vorgelegten Bände eröffnen eine Reihe, in der die weiteren Ergebnisse des Prozesses präsentiert werden sollen.

Der erste Band der Arbeitsgruppe zu *Grundsatzfragen* enthält neben einer ausführlichen Einleitung von Ines-Jacqueline Werkner und einer abschließenden Zusammenfassung von *Christina Schües* fünf Beiträge. Der erste von *Klaus Ebeling* greift unter der Frage: Was heißt „sich im Leben orientieren"? im Anschluss an Kant die breitere philosophische Diskussion zum Begriff der Orientierung und den Anforderungen an Orientierungswis-

sen auf. Die beiden folgenden Beiträge von *Roger Mielke* und *Reiner Anselm* führen die Grundsatzdiskussion fort unter der Leitfrage, wie weit das in der Friedensdenkschrift von 2007 vorgestellte Leitbild des gerechten Friedens Orientierungskraft in konkreten politischen Entscheidungssituationen vermitteln kann. An der Stellungnahme der Kammer für öffentliche Verantwortung zum Einsatz der Bundeswehr im Afghanistankonflikt wird deutlich, dass der grundsätzliche Konsens über das Leitbild des gerechten Friedens nicht zu eindeutigen Handlungsempfehlungen sondern zu „argumentativen Gabelungen" führt. *Mielke* kommt zu dem Ergebnis, dass in der friedensethischen Urteilsbildung Konsens und Dissens „auf eine komplexe Weise miteinander verflochten sind und im Idealfall zu einem differenzierten Konsens finden, in dem die Dissense aufgehoben bleiben" (45). *Anselm* geht in seinem Beitrag ebenfalls vom Afghanistanpapier der Kammer aus und weist auf die innere Spannung im Leitbild des gerechten Friedens zwischen den Forderungen der Gerechtigkeit und des Friedens hin. Er plädiert für ein prozessuales Verständnis von Leitbildern für die konkrete ethische Urteilsbildung, in der sich auch Prägungen einer bestimmten Kultur, wie z. B. starke konfessionell-theologische Überzeugungen niederschlagen.

Die beiden anderen Beiträge von *André Munzinger* und von *Her-*

444

bert *Wulf* lenken den Blick auf die Frage, wie die Kirche Einfluss nehmen kann auf den politischen und gesellschaftlichen friedensethischen Diskurs. *Munzinger* nimmt die Vorstellung vom „Wächteramt" der Kirche auf und sucht das Potential der friedensethischen Bildungsarbeit der Kirche als Institution innerhalb der Funktionssphären der säkularen Gesellschaft zu bestimmen. *Wulf* diskutiert die Wahrnehmung der friedensethischen Verantwortung der Kirche im Blick auf Erfahrungen im Prozess der Politikberatung und den Erwartungen an Ratgeber und Ratnehmer. *Christina Schües* schließt ihren zusammenfassenden Beitrag mit den Sätzen: „Die Aushandlung, was die *spezifischen* Orientierungsleistungen der Kirche sein könnten, wird im stets offen zu haltenden innerkirchlichen Dialog und im inkludierenden religiösen, politischen, gesellschaftlichen Dialog zu klären sein. Auch in diesem Sinne bleibt der gerechte Frieden eine unendliche Aufgabe" (118). Die mit diesen Beiträgen begonnene Diskussion zu den Grundsatzfragen erweist sich als fruchtbar und soll fortgesetzt werden.

Auch der zweite hier vorzustellende Band eröffnet eine Diskussion, die weitergeführt werden muss. Im Rahmen der Arbeitsgruppe zu Fragen der Gewalt beschäftigt er sich in drei grundlegenden Beiträgen mit den Themen „Gewalt in der Bibel und in kirchlichen Traditionen". Diesen Untersuchungen sind eine Einleitung von *Sarah Jäger* und der „Versuch einer Begriffsklärung" des Stichwortes „Gewalt" von *Daniel Meßelken* vorgeschaltet. *Meßelken* macht vor allem auf die Doppeldeutigkeit des deutschen Begriffs der Gewalt im Sinne eines „Aktionsbegriffs" (*violentia*) oder eines „Kompetenzbegriffs" (*potestas*) aufmerksam. Aus der Perspektive analytischer Philosophie unterscheidet er sodann legalistische, enge und weite Definitionen von Gewalt, und stellt schließlich einen eigenen Definitionsvorschlag vor, der sich auf Fälle „interpersonaler Gewalt" bezieht und Elemente der engen und weiten Definitionen zu verbinden sucht.

Der Beitrag von *Torsten Meireis* über „Liebe und Gewalt" entwickelt hermeneutische Erwägungen zur Rekonstruktion eines theologischen Gewaltdiskurses. Unter Bezug auf das neutestamentliche Logion über das höchste Gebot (Mk 12,29 ff par) eröffnet er seinen Text mit der Feststellung: „Gewalt ist nicht das Zentralthema der christlichen Überlieferung ..." (35) und fügt später hinzu: „Gewalt kommt, von Gottes Liebe aus gesehen, als Fehlform der Konfliktbearbeitung in den Blick" (36). Er konzentriert sich in seinen Überlegungen auf Gewalt im Sinne einer „zwingenden physischen Verletzung des Willens und der Integrität und damit der Freiheit eines Menschen" (*Lienemann*), während Missachtung, Entrechtung und Unterdrückung von physischer Gewalt unterschieden werden. Um die biblischen

ÖR 67 (3/2018)

Schilderungen und Bezüge auf Gewalthandlungen in ihrer Relevanz angemessen interpretieren zu können, muss hermeneutisch unterschieden werden zwischen der literarischen und der historischen Ebene, sowie der gegenwärtigen sozialen Wirkung und der theologischen Deutung. Die von Meireis vertretene hermeneutische Perspektive ist geprägt von dem „Deutungsnarrativ der Gewaltüberwindung in und durch Gottes Versöhnung in Christus" (48).

Der Beitrag von *Marco Hofheinz* untersucht in 47 Thesen die Anknüpfungspunkte in der lutherischen und reformierten Tradition für eine Ethik rechtserhaltender Gewalt. Die ersten sieben Thesen fassen die Grundgedanken einer Ethik rechtserhaltender Gewalt zusammen. Die folgenden elf Thesen gelten der lutherischen Tradition. Sie zeigen an Hand einer differenzierten Interpretation der Wendung „iure bellare" in CA 16 und der restriktiven Auslegung der Kriterien des gerechten Krieges, vor allem in Luthers Obrigkeitsschrift, dass hier der Weg zu einer Ethik rechtserhaltender Gewalt wenigstens vorbereitet wird. Die Thesen 20–34 sind der reformierten Tradition gewidmet. Sie verweisen auf die Bedeutung insbesondere von Calvin für die Entwicklung des Rechtsdiskurses in der westlichen Tradition und stellen fest: „Ohne das Recht ist politischer Frieden nach Calvin nicht denkbar. Politischer Frieden wird von Calvin

... als Rechtsfrieden verstanden. Dieser Rechtsfrieden schließt nach Calvin *in extremis* den rechtserhaltenden Gewaltgebrauch ein" (These 31). Daran schließt später Hugo Grotius mit seiner Grundlegung des Völkerrechts an. Die abschließenden Thesen gelten der Barmer Theologischen Erklärung, in der die beiden Traditionsstränge zusammengeführt werden.

Im dritten großen Beitrag untersucht *Ines-Jacqueline Werkner* „kirchliche Diskurse um die Anwendung militärischer Gewalt" anhand von Fallbeispielen aus dem euroatlantischen Raum. Sie beginnt mit einer Zusammenfassung der Positionen der Evangelischen Kirche in Deutschland ausgehend von der Friedensdenkschrift von 2007 und verweist kurz auf die Einwände, vor allem in Stellungnahmen der Badischen Landeskirche. Es folgt eine Darstellung der Ethik der Gewaltfreiheit, wie sie von den historischen Friedenskirchen (Mennoniten, Quäker und Kirche der Brüder) vertreten wird. Ein längerer Abschnitt befasst sich mit der Aufnahme der Lehre vom gerechten Krieg in den US-amerikanischen Kirchen. Dabei zeigt sich eine große Spannbreite zwischen der Denomination der Südlichen Baptisten einerseits, die an der Lehre vom gerechten Krieg festhalten, den Pazifismus prinzipiell kritisieren und unter Betonung der amerikanischen Sonderrolle einen Frieden durch Stärke vertreten, und der United

Church of Christ andererseits, die als erste Kirche den Weg aus der Tradition des gerechten Krieges zur Position des gerechten Friedens vorgezeichnet hat und in ihrer Argumentation den historischen Friedenskirchen nahe steht. Es folgt noch eine kurze Darstellung der Position der Russisch-Orthodoxen Kirche, die zwar den Krieg als eine Wirkung des Bösen und als Übel bezeichnet, aber unter Rückgriff auf die Lehre vom gerechten Krieg die Beteiligung an einem Krieg, der zur „Verteidigung des Nächsten" und „der Wiederherstellung verletzter Gerechtigkeit" geführt wird, für unumgänglich erklärt. Von einem gerechten Frieden kann daher hier nur im Sinne eschatologischer Hoffnung gesprochen werden.

Ein kurzer abschließender Beitrag von *Ines-Jacqueline Werkner* fasst die Ergebnisse unter den Aspekten der Ambivalenz erfahrener Gewalt, der Ambivalenz des bibli-

schen Rückgriffs und der Diversität kirchlicher Gewaltdiskurse zusammen. Sie schließt mit einer Reihe von Fragen: „Wie kommen ... diese kirchlichen Gewaltdiskurse zustande? In welcher Beziehung stehen theologische Traditionen und die Stellung der Kirchen und Religionsgemeinschaften in Staat und Gesellschaft zueinander? Wann erfolgen warum und wie biblische Rückgriffe? Sind sie originär oder dienen sie gegebenenfalls nur der Legitimation der eigenen Position? Hier sind fortführende Untersuchungen unumgänglich, um der Ambivalenz der Gewalt in der Bibel und in kirchlichen Traditionen näher zu kommen" (125). Auch dieser Band ist daher nur die Eröffnung einer weitergehenden Debatte, auf deren Ertrag man gespannt sein kann.

Konrad Raiser

Dr. Michael Biehl, Evangelisches Missionswerk e.v., Normannenweg 17–21, 20537 Hamburg; Anna-Katharina Diehl, Missionsakademie an der Universität Hamburg, Rupertistraße 67, 22609 Hamburg; Bischof Brian Farrell, Päpstlicher Rat zur Förderung der Einheit der Christen, Via della Conciliazione, 5, 00193 Rome, Italien; Dr. Lesmore Gibson Ezekiel, School of Religion and Theology at the University of KwaZulu-Natal, King Edward Ave, Scottsville, Pietermaritzburg, 3209, Südafrika; Dominik Gautier M. A., Fakultät IV – Human- und Gesellschaftswissenschaften, Carl von Ossietzky Universität Oldenburg, Ammerländer Heerstraße 114–118, 26129 Oldenburg; Achim Hofmann M. A., Schwetzinger Straße 44, 68723 Plankstadt; Onno Hofmann, Othmarscher Kirchenweg 103a, 22763 Hamburg; Prof. Dr. Claudia Jahnel, Evangelisch-Theologische Fakultät, Ruhr-Universität Bochum, Universitätsstraße 150, 44801 Bochum; Prof. Dr. Willie James Jennings, Yale Divinity School, 409 Prospect Street, New Haven, CT 06511, USA; Prof. Dr. Jennifer S. Leath, Iliff School of Theology, 2323 E. Iliff Ave, Denver, CO 80210, USA; Rev. Senzo Ndlovu, PO Box 12960, Centrahill, Port Elizabeth, 6001, South Africa; Pastor Helgard Pretorius, Stellenbosch University, Department of Systematic Theology and Ecclesiology, Faculty of Theology, 141 Dorp street, Stellenbosch, South Africa, 7600; Prof. Dr. Konrad Raiser, Zikadenweg 14, 14055 Berlin; Dr. Klaus Peter Voß, Bergstraße 61, 58579 Schalksmühle.

Foto Deckblatt: Logo der Weltmissionskonferenz 2018 in Arusha (Tansania)

Foto: James H. Cone auf S. 426 © Garrett Evangelical Theological Seminary

Thema des nächsten Heftes 4/2018:

Kirchenräume in unterschiedlichen Kontexten

mit Beiträgen u. a. von Alexander Deeg, Tobias Fritzsche, Marcus Heinrich, Christoph Klein, Constantin Miron, Stefan Orth, Burkard Severin, Henrike Rabe

448 | ÖKUMENISCHE RUNDSCHAU – Eine Vierteljahreszeitschrift

In Verbindung mit dem Deutschen Ökumenischen Studienausschuss (vertreten durch Thomas Söding, Bochum) herausgegeben von Elzbieta Adamiak, Landau; Angela Berlis, Bern; Petra Bosse-Huber, Hannover; Daniel Buda, Genf/Sibiu; Amelé Ekué, Genf/Bossey; Fernando Enns, Amsterdam und Hamburg (Redaktion); Dagmar Heller, Bensheim; Martin Illert, Hannover (Redaktion); Ulrike Link-Wieczorek, Oldenburg/Mannheim (Redaktion); Viola Raheb, Wien; Johanna Rahner, Tübingen (Redaktion); Barbara Rudolph, Düsseldorf (Redaktion); Dorothea Sattler, Münster; Oliver Schuegraf, Hannover (Redaktion); Andrea Strübind, Oldenburg; Rosemarie Wenner, Frankfurt am Main, Marc Witzenbacher, Frankfurt am Main (Redaktion).

ISSN 0029-8654   ISBN 978-3-374-05722-1
www.oekumenische-rundschau.de

Redaktion: Marc Witzenbacher, Frankfurt a. M. (presserechtlich verantwortlich)
Redaktionssekretärin: Gisela Sahm
Ludolfusstraße 2–4, 60487 Frankfurt am Main
Tel. (069) 247027-0 · Fax (069) 247027-30 · e-mail: info@ack-oec.de

Verlag: Evangelische Verlagsanstalt GmbH
Blumenstraße 76 · 04155 Leipzig · www.eva-leipzig.de
Geschäftsführung: Sebastian Knöfel

Satz und Druck: Druckerei Böhlau · Ranftsche Gasse 14 · 04103 Leipzig

Abo-Service und Vertrieb: Christine Herrmann
Evangelisches Medienhaus GmbH · Blumenstraße 76 · 04155 Leipzig
Gläubiger-Identifikationsnummer: DE03EMH00000022516

Tel. (0341) 71141-22 · Fax (0341) 71141-50
E-Mail: herrmann@emh-leipzig.de

Anzeigen-Service: Rainer Ott · Media Buch + Werbe Service
Postfach 1224 · 76758 Rülzheim
www.ottmedia.com· ott@ottmedia.com

Bezugsbedingungen: Die Ökumenische Rundschau erscheint viermal jährlich, jeweils im ersten Monat des Quartals. Das Abonnement ist jeweils zum Ende des Kalenderjahres mit einer Frist von einem Monat beim Abo-Service kündbar.
Bitte Abo-Anschrift prüfen und jede Änderung dem Abo-Service mitteilen.
Die Post sendet Zeitschriften nicht nach.
Preise (Stand 1. Januar 2018, Preisänderungen vorbehalten):
Jahresabonnement (inkl. Versandkosten): Inland: € 42,00 (inkl. MWSt.),
Ausland: €52,00 (exkl. MWSt.)
Rabatt (gegen Nachweis): Studenten 35 %.
Einzelheft: € 12,00 (inkl. MWSt., zzgl. Versand)

Die nächste Ausgabe erscheint Oktober 2018.